Ländliche Bauten

Wegweiser
durch das
Hohenloher Freilandmuseum

© Verein Hohenloher Freilandmuseum e.V., Schwäbisch Hall

Text und Gestaltung: Albrecht Bedal

Redaktion: Werner Sasse

Umschlagfoto: Bernd Kunz

Abbildungsnachweis
Farbaufnahmen: Albrecht Bedal: S. 13, 90, 92, 130, 160, 168, 203,
228, 236, 240
Gerhard Leibl: S. 221, 234, 235
Roland Bauer: S. 222
Rößler-Museum: S. 242, 243
Bernd Kunz: alle übrigen Aufnahmen

Schwarzweiß-
aufnahmen: Gerhard Leibl: S. 48
Gerd Schäfer: S. 185
Bildarchiv Hohenloher Freilandmuseum: alle übrigen Aufnahmen

Zeichnungen: Gerhard Leibl: S. 45, 63, 138, 155
Städtisches Hochbauamt Schwäbisch Hall: S. 52,
53, 55, 57
Günter Mann: S. 60, 61, 73, 75, 76, 119, 120, 121
Landesdenkmalamt Baden-Württemberg: S. 143,
145
Rolf Neddermann: S. 164, 165
Annette Bischoff-Wehmeier: S. 192
Hitomi Senda: S. 205 (Mitte)
Thomas Fleischer: S. 205 (unten)
Gerd Schäfer: S. 239
Albrecht Bedal: alle übrigen Zeichnungen

Gesamtherstellung: Schneider Druck GmbH, Erlbacher Straße 102,
91541 Rothenburg o. d. T., Tel. (09861) 400-0

ISBN 3-9806793-5-7

Ländliche Bauten

Wegweiser
durch das
Hohenloher Freilandmuseum

Führer durch das Hohenloher Freilandmuseum, Band 3,
2. überarbeitete Auflage, Juli 2001

herausgegeben von Albrecht Bedal
im Auftrag des Vereins Hohenloher Freilandsmuseum e.V.

Vorwort

Zum neu aufgelegten Museumswegweiser „Ländliche Bauten"

Der letzte Museumswegweiser zu den Gebäuden des Hohenloher Freilandmuseums erschien vor nunmehr zehn Jahren. Ergänzt wurde er vor wenigen Jahren durch einen kleinen Band, der die seit 1992 entstandenen neuen „ländlichen Bauten" des Freilandmuseums beschreibt. Mit diesem neuen Band ist es nun gelungen, die beiden bisherigen Gebäudeführer zu einem neuen Museumswegweiser zu vereinigen – ergänzt durch aktuelle Beschreibungen der jüngst eröffneten Gebäude.

Die bewährte Aufteilung mit den knappen, informativen Texten zu den einzelnen Bauten im Freilandmuseum wurde beibehalten. Da, wo sich im Laufe der Jahre Änderungen ergeben haben, wurden die Angaben auf den neuesten Stand gebracht oder aktuelle Bilder eingefügt. Es ist wiederum das Ziel gewesen, alle Aufmaßpläne der Museumsobjekte im einheitlichen Maßstab 1:200 abzubilden, um Größenvergleiche zu ermöglichen. Alle Farbaufnahmen am Beginn der Baubeschreibungen zeigen die Gebäude in ihrem derzeitigen Museumsleben im Hohenloher Freilandmuseum. Gegenübergestellt belegen historische Fotos den jeweiligen Zustand vor Ort. In der Regel sind es Aufnahmen aus der 1. Hälfte des 20. Jahrhunderts. Durch die Fülle des Materials hat zwangsläufig der Umfang dieses neuen Wegweisers zugenommen, obwohl die Informationen über die Gebäude sich auf das Notwendige beschränken. Wer sich weiter informieren möchte, kann in den bisher erschienenen Mitteilungsheften aus der Arbeit des Freilandmuseums weitere und tiefer gehende Hinweise finden. Die neue Reihe „Häuser, Menschen und Museum" bietet darüber hinaus dem interessierten Leser alles Wissenswerte über ein einzelnes Museumsgebäude. Erschienen sind bereits die beiden Bände über den Bahnhof aus Kupferzell und über den Käshof aus Weipertshofen.

Inzwischen liegen drei weitere Spezial-Museumswegweiser über das Hohenloher Freilandmuseum vor. Für diejenigen, die sich besonders für die Tier- und Pflanzenwelt im Freilandmuseum sowie für die frühere Vegetation auf dem Dorfe interessieren, ist der Museumswegweiser „Landschaft – Pflanzen – Tiere" 1995 erschienen. Für unsere ausländischen Besucher konnte ein englischsprachiger Museumswegweiser 1997 herausgegeben werden („A foreign visitor's guide to the Hohenlohe Open Air Museum). In Französisch halten wir seit 1998 einen kurzen Überblick zu allen sieben baden-württembergischen Freilichtmuseen bereit. Eine große Gruppe unserer Besucher, die Kinder, können seit 1999 mit dem Museumswegweiser „Kinder im Museum – Hohenloher Freilandmuseum für junge Leute" auf eigene Entdeckungstouren gehen. Weitere Spezialthemen sind in Vorbereitung.

Nun wünschen Ihnen, dem Leser dieses Wegweisers, die Mitarbeiterinnen und Mitarbeiter des Hohenloher Freilandmuseums viel Vergnügen und anregende Stunden in Wackershofen.

Inhalt

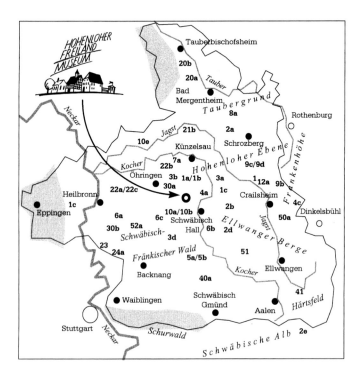

Das Einzugsgebiet des Hohenloher Freilandmuseums mit den bisher ins Museum versetzten Gebäuden (Stand 2001), die Schraffur deutet die Überlappungsgebiete mit anderen Freilichtmuseen an.

Das Hohenloher Freilandmuseum gestern, heute und morgen

Freilicht- oder Freilandmuseen waren und sind in erster Linie „Häusermuseen". Ihr zentrales Sammlungs- und Darstellungsgebiet sind Gebäude unterschiedlichsten Alters, unterschiedlichster Funktion und unterschiedlichster Gestalt. Da ihre Sammlungsstücke doch relativ groß und immobil sind, zeigen die Freilichtmuseen ihre guten Stücke unter freiem Himmel, ungeschützt vor jeder Witterung und Klimaeinflüssen. Die Besucher können durch diese wertvollen Unikate laufen und die Innenräume auf sich wirken lassen. Die Häuser zeigen sich mit Mobiliar, Gerätschaften und teilweise sogar lebendem Inventar und nicht als reine Architekturmodelle im Maßstab 1:1. Sie berichten mit ihrer originalen Einrichtung bildhaft und eindrucksvoll vom Leben unserer Vorfahren.

Freilichtmuseen wie das Hohenloher Freilandmuseum sind keine vergrößerten Bauernhofmuseen, sondern kulturgeschichtliche, sozial- und alltagsgeschichtliche Landschaftsmuseen, in denen alle Aspekte des dörflichen Lebens aus naher und ferner Vergangenheit angesprochen und vermittelt werden. Daher gibt es in Wackershofen eben nicht nur schmucke Bauernhäuser mit stimmiger Inneneinrichtung zu sehen – auch wenn dies weiterhin ein wesentlicher Teil des Bildungsauftrages ist -, sondern natürlich auch Ausschnitte aus der großen Palette dörflichen Lebens vor fünfzig, hundert oder mehr Jahren. Dazu gehört die Haltung, Pflege und Entwicklung historischer Haustierrassen, die An- und

Das 1838 erbaute Wohn-Stall-Haus Feuchter in Untermünkheim-Schönenberg (Aufnahme um 1920)

9

Fortpflanzung historischer Getreidesorten und anderer Pflanzenarten, die Darstellung der unterschiedlichen sozialen Verhältnisse, die frühere Arbeitswelt mit ihrer aufwendigen Vorratshaltung, die Lebenswelten von Männern und Frauen, von Bauernfamilien, Knechten und Mägden, Tagelöhnern und Schulmeistern.

Entstehung des Hohenloher Freilandmuseums

„Freilichtmuseen" sind eine relativ junge Museumsgattung. Das Hohenloher Freilandmuseum besaß im Bauernmuseum Schönenberg (einem Dorf bei Untermünkheim) seinen Vorläufer. Hier hatte ein ehrenamtlicher Freundeskreis unter Führung des damaligen Haller Bürgermeisters Erich Specht ein Wohn-Stall-Haus von 1838 mit häuslichen Einrichtungsgegenständen und landwirtschaftlichem Gerät ausgestattet. Angestoßen wurde diese Initiative vom langjährigen Leiter des Hohenlohe Zentralarchivs in Neuenstein, Karl Schumm, dem auch einige wichtige Stücke der Sammlung in Schönenberg zu verdanken sind. 1972 eröffnet, erfreute sich das kleine und liebevoll eingerichtete Bauernmuseum großen Zuspruchs. Als in Baden-Württemberg Ende der siebziger Jahre die Diskussion um die Einrichtung eines zentralen Freilandmuseums für das gesamte Land oder um den Aufbau mehrerer regionaler Lösungen geführt wurde, brachte sich die Schönenberger Museumsinitiative ins Gespräch und schlug den Haller Bereich vor als Standort für ein neu zu gründendes Freilandmuseum, das das fränkische Württemberg vertreten sollte. Die Stadt Schwäbisch Hall konnte für eine solche flächenintensive Einrichtung am Rande von Wackershofen, einem eingemeindeten Dorf am Fuße der Waldenburger Berge, ein landschaftlich schön gelegenes und entwicklungsfähiges Gelände anbieten.

Die Landesregierung unterstützte diese Idee, so dass Mitte des Jahres 1979 der Verein „Hohenloher Freilandmuseum" unter dem Vorsitz des damaligen Haller Oberbürgermeisters Karl Friedrich Binder als Träger des neuen Freilandmuseums in Schwäbisch Hall-Wackershofen gegründet werden konnte. Danach wurde sofort mit der Arbeit für das neue Museum begonnen, ein wissenschaftlicher Museumsleiter bestellt und beim städtischen Hochbauamt ein speziell für die Bauarbeiten zuständiger Museumsbautrupp aus verschiedenen Bauhandwerksberufen eingerichtet. Noch 1979 konnte das erste Gebäude, das Steigengasthaus oberhalb von Michelfeld, abgebaut werden. Für dieses neue Hohenloher Freilandmuseum wurde gleich zu Beginn ein Museumskonzept entwickelt, das die vom Land Baden-Württemberg zugeteilte Region mit seiner kulturgeschichtlichen Entwicklung, die üblichen Kriterien zur Einrichtung eines Freilandmuseums und natürlich das vorhandene Gelände und die Situation um Wackershofen zu berücksichtigen hatte. Die vielfältigen Erfahrungen mit dem Betrieb des Schönenberger Museums er-

Die Museumsgänse am Dorfteich vor der Schmiede aus Großenhub

leichterten den Verantwortlichen den Aufbau und die Führung des großen Regionalmuseums Wackershofen. Die Tradition Schönenbergs mit dem starken Engagement vieler ehrenamtlicher Helferinnen und Helfer lebt in Wackershofen weiter.

Entwicklung des Museumsaufbaus

Am Anfang der Aufbauarbeit galt es, da es für diese Art der Museumsgattung keine Fachausbildung gab und gibt, sich möglichst schnell Erfahrungen anzueignen für die spezielle Arbeit eines Freilichtmuseums, das großvolumige Gebäude und keine kleinen Pretiosen sammelt und sie unter großen technischen Aufwendungen ins Museum bringen muss („transloziert"). Mit viel Elan gelang es, bei der Eröffnung des ersten Bauabschnittes im Juni 1983 der staunenden Öffentlichkeit nach nur vier Jahren bereits 13 Gebäude präsentieren zu können: neun translozierte und vier an Ort und Stelle („in situ") erhaltene ländliche Bauwerke. Der kontinuierliche Aufbau konnte bis etwa 1991 beibehalten werden, damals waren es dann schon vierzig Gebäude, die die Besucher eingerichtet besichtigen konnten. Seitdem hat sich die Aufbautätigkeit, bezogen auf die Anzahl der umgesetzten Gebäude, stark verlangsamt. Das hat verschiedene Gründe, auf der einen Seite gingen die Mittel der Landesförderung zurück bei gleichzeitiger Versetzung größerer und damit teurerer Gebäude. Außerdem traf das Freilandmuseum im Dezember 1993 der

11

Brand des Museumsgasthauses, das erst 1996 wieder neu eröffnet werden konnte. Mit heute knapp über fünfzig Museumsgebäuden, einem Museumsgelände von etwa 35 Hektar, mehreren Dauerausstellungen in verschiedenen Häusern, einem Bahnanschluss, zwei Gastwirtschaften, vielen Aktionstagen, Dokumentationen und Vorführungen, Festen und Fachführungen sowie mit seiner Haltung von historischen und vom Aussterben bedrohter Haustierrassen zeigt sich das Hohenloher Freilandmuseum für die Zukunft gerüstet. Weitere wichtige Gebäude sind schon eingelagert und warten in den kommenden Jahren auf den Wiederaufbau.

Von der „Translozierung" der alten Häuser

Wie wandern nun eigentlich die Gebäude ins Museum? Anfänglich wurden die Häuser von den Museumshandwerkern in handhabbare Einzelstücke zerlegt, Mauerwerk wurde aus den Fachwerkrahmen geschlagen, Balken wurden voneinander gelöst und nummeriert, Fenster und Türen wurden ausgebaut und Bodenbretter, so weit es möglich war, unzerstört entfernt. Beim Wiederaufbau kam außer beim Balken- und Holzwerk hauptsächlich neues Material zum Einsatz, so dass die ersten Gebäude wohl

Die heutige Flurkarte zeigt die enge Verknüpfung des Dorfes Wackershofen mit dem Freilandmuseum.

Blick über reife Getreidefelder auf die Baugruppe „Hohenloher Dorf", im Hintergrund Bahnhof und Lagerhaus

gerade mal noch 20 bis 30 Prozent Originalsubstanz nach der Translozierung besaßen. Da es jedoch bei einem Museum immer um Originalität und Authentizität geht, versuchte das Hohenloher Freilandmuseum bald andere Wege zu gehen. Hinzu kam auch eine veränderte Auffassung vom Kulturgut „Haus", das nicht mehr so sehr als Typ und als abstrakter Vertreter für eine ganze Gattung gesehen wurde. Verstärkt verbreitete sich die Auffassung, dass ein Haus ein Individuum ist und ein Freilandmuseum die historische Entwicklung eines solchen Hauses auch zeigen sollte – also Belassen von Umbauphasen, keine Rückführung auf einen Urzustand, Vermittlung von Geschichte als dynamischen Prozess am Beispiel des ländlichen Lebens und Arbeitens. Aus diesen Gedanken entwickelte sich um 1980 eine neue Translozierungstechnik: die Versetzung ganzer Wände, ganzer Decken, später dann ganzer Hausteile, ja sogar ganzer Häuser unzerlegt in einem Stück vom alten Standort ins Freilichtmuseum. Neben dem Fränkischen Freilandmuseum in Bad Windsheim hat sich hier das Hohenloher Freilandmuseum federführend dieser neuen Möglichkeit angenommen und sie praktikabel umgesetzt. Versetzte das Museum zuerst nur einen Fachwerkgiebel von der Scheune aus Hohensall (10c) mit seiner Ausfachung, wurden die Bauleute und Techniker immer mutiger und erfahrener. So gelangte das Taglöhnerhaus aus Hohenstraßen

(6c) 1988 unzerlegt samt Dachkonstruktion nach Wackershofen. 1990 wurde der Bahnhof aus Kupferzell (1a) in vier Raumteilen und 1996 der massive Darrraum der Schafscheuer aus Gröningen (1) inklusive dem Backsteingewölbe als beinahe 100 Tonnen schweres Stück auf einem Tieflader an den neuen Eingang in Wackershofen versetzt. Diese Translozierungstechnik der großen Teile – seien es nun Holzwände, Fachwerk, Schornsteine, Mauerwerkswände oder eben ganze Gebäude – ist mittlerweile Standard in den meisten Freilichtmuseen. Diese Technik trägt mit zu der besonderen Besucher-Attraktivität dieser Museumsgattung bei.

Das Museumsgelände und seine Baugruppen

Die Besonderheit des Hohenloher Freilandmuseums liegt in seiner Lage in unmittelbarem Kontakt zum Dorf Wackershofen. Am Weidnerhof verzahnen sich Dorf und Museum. Erschließung und Zugang sind jedoch völlig vom Dorf getrennt. Wie früher ist das hügelige Gelände zwischen der Bahnlinie im Norden, dem Dorf im Süden und dem Wald im Westen weiterhin geprägt durch landwirtschaftliche Nutzung, durch das historische Wegenetz und durch den alten Baum- und Gehölzbestand. Diese von Generationen geformte Kulturlandschaft soll erhalten bleiben, die Baugruppen und Einzelgebäude, die in das Gelände versetzt wurden und noch werden, nehmen Rücksicht auf diese gewachsene Struktur. Zwischen den historischen Gebäuden bleiben die Äcker und Wiesen in Bewirtschaftung. Sie werden zum Teil von einheimischen Landwirten genutzt, zum Teil baut das Freilandmuseum zur Demonstration historische Pflanzen selber an. „Un-

Ein zukünftiges Museumsprojekt ist die Versetzung der aus dem 17. Jahrhundert stammenden Mal- und Sägemühle aus Weipertshofen, Gemeinde Stimpfach

kraut" und Wildpflanzen, historische Hausgärten und Streuobst-
wiesen dokumentieren eine untergegangene Flora.

In Verlängerung von der Ortschaft Wackershofen entsteht die
Baugruppe „Hohenloher Dorf", das Kernstück des Museums.
Hier konzentrieren sich die Haus- und Hoftypen des Haller Um-
landes und des Hohenloher Landes (hauptsächlich Landkreis
Schwäbisch Hall und Hohenlohekreis). Diese Baugruppe ist
siedlungsmäßig wie ein kompaktes Haufendorf angelegt, in der
Mitte stehen die größeren Bauernhöfe, am Ortsrand finden sich
die Gebäude der ärmeren Schichten. In vielen Dörfern der Umgebung hat der Bahnbau um die Jahrhundertwende große Auswirkungen auf die Siedlungstätigkeit ausgeübt. Im Hohenloher
Freilandmuseum wird diese Veränderung durch die vor dem Eingang direkt an den Bahngleisen liegenden „Technikbaugruppe"
dargestellt. Hier stehen der historischer Bahnhof, das Lagerhaus
und der Transformatorenturm. Seit dem Jahr 2000 halten dort
erstmals in Wackershofen fahrplanmäßige Züge.

Nach dem Steigengasthof erreicht der Besucher die Baugruppe
„Weinlandschaft". Hier ist ein Straßendorf im Entstehen, das im
engen Siedlungsverband Bauten aus den Weinbaugebieten um
Öhringen, Heilbronn, aus dem Kocher-, Jagst- und Taubertal aufnimmt. Etwas außerhalb der Gruppe steht, wie am ursprünglichen Standort auch, ein Keltergebäude. Im räumlichen Zusammenhang mit der Kelter wurde ein Weinberg nach historischen Vorbildern angelegt.

Im oberen Teil des Geländes, unmittelbar am Waldrand ist die
dritte Baugruppe „Waldberge" im Aufbau. Hier sollen einmal in einem locker angelegten Weiler Gebäude aus den höheren Lagen
im Einzugsbereich, also aus allen Teilen des Schwäbisch-Fränkischen Waldes, ihren Standort finden. Als erste stehen schon eine kleine Dorfkapelle, die eine spätere Wegkreuzung markiert,
und das Wohn-Stall-Haus des Käshofes.

Bis zum Jahr 2001 sind über ein halbes Hundert historisch wertvolle Gebäude ins Museum gewandert, die damit vor ihrer Zer-
störung gerettet worden sind. Eines Tages werden es über 80
sein, die die im Untergang begriffene ländliche Kultur in unserer
Region der Nachwelt in ihrer großen Bandbreite präsentieren sollen.

1 Schafscheuer aus Gröningen, Gemeinde Satteldorf, Landkreis Schwäbisch Hall

Wie viele Gemeinden im württembergischen Königreich leistete sich auch die früher selbständige Gemeinde Gröningen bei Crailsheim im 19. Jahrhundert eine eigene Schafscheuer. Praktisch wie die Dorfbewohner sind, hat man damals zwei eigentlich nicht zusammenpassende Nutzungen, für die die Gemeinde ver-

Die Schafscheuer im Jahr 1990 im verwahrlosten Zustand

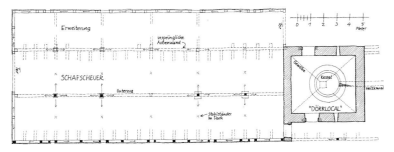

Grundriss der Schafscheuer mit Dörrraum, dem runden „Kessel" und dem Heizkanal

antwortlich war, unter einem Dach untergebracht: Schafscheuer und Dörrhaus für die Flachsverarbeitung. Beinahe jedes Dorf legte sich in dieser Zeit ein solches „Kombigebäude" zu.

In Gröningen ersetzt 1863 die aus Holz gebaute Schafscheuer mit dem angebauten, massiven und feuerfesten Dörrraum ein älteres, kleineres Gebäude. Aus Brandschutzgründen wegen der großen Feuersgefahr beim Dörren des gerösteten Flachses errichtet man die neue Schafscheuer weit außerhalb des Ortes.

Der Scheunen- oder Stallteil war ursprünglich nur zweischiffig angelegt. Um 1952 verbreiterten die Gröninger ihre Schafscheuer um eine Feldbreite. Für einige Jahre dürfte sie vor Ort nur mehr als Unterstellraum für die Gerätschaften der Gemeinde gedient haben: Das Museum fand dort eine kleine Diesellokomotive mit Loren aus einem Steinbruch, den örtlichen Leichenwagen und diverse landwirtschaftliche Geräte vor.

Seit 1997 empfängt dieses einfache Gebäude die Besucher des Museums. Trotz der modernen Einbauten konnte die Schafscheuer ihr historisches Ambiente mit der bis ins Dach offenen Gerüstkonstruktion behalten. Der mit einem Ziegelgewölbe abgedeckte Dörrraum gelangte in einem Stück und unzerlegt nach Wackershofen.

Gebäudedaten:
Länge x Breite: 27,10 m x 10,20 m
Abbau: 1996, Wiederaufbau 1996/97
Massivteil in einem Stück transloziert, sonst zerlegt

Literatur:
Albrecht Bedal, Früher für Schafe, heute für Museumsgäste, eine Scheuer aus Gröningen wird neues Eingangsgebäude, Mitteilungen 17, 1996

1a Bahnhofsgebäude aus Kupferzell, Hohenlohekreis

Aus einem anfänglich für ein Freilandmuseum ganz normalen Vorhaben entwickelte sich mit der Versetzung des Bahnhofsgebäudes ein langwieriger Prozess: Vom Abbau im Herbst 1989 bis zur Eröffnung im Sommer 2000 vergingen elf Jahre! Erst mit dem Bau des Haltepunktes Wackershofen an der Strecke Heilbronn–Hessental, finanziert aus Mitteln des Landes Baden-Württemberg, der Stadt Schwäbisch Hall, des Vereins Hohenloher Freilandmuseum und der Fa. Würth kam diese lange Geschichte am 28. Mai 2000 zum glücklichen Abschluss.

Kein Bahnhofsgebäude ohne Eisenbahnstrecke

In Württemberg wurde zuerst die Nord-Süd-Hauptmagistrale Heilbronn – Stuttgart – Ulm – Bodensee in den Jahren 1844 bis 1854 gebaut, an die sich eine nach Osten führende Bahn von Heilbronn zur Landesgrenze nach Bayern anschließen sollte.
Diese Hauptbahn wollten die Künzelsauer durch das Kochertal geführt sehen. Da die Bahn allerdings irgendwo östlich von Künzelsau das tief eingeschnittene Tal verlassen musste, um hinüber ins Jagsttal zu gelangen, wurde in der Ausführungsplanung die Oberamtsstadt Künzelsau südlich umgangen, um erst bei Schwäbisch Hall den Kocher zu überqueren. 1862 bis Schwäbisch Hall fertig gestellt, erfolgte 1867 der Weiterbau bis Crails-

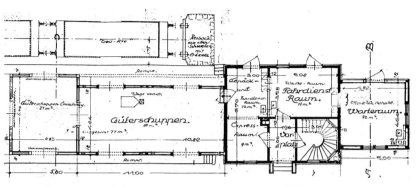

Grundriss des Erdgeschosses in einem Bauplan von 1925

heim, und 1875/76 war die Lücke nach Bayern geschlossen.
Viele Petitionen wurden wegen eines Bahnanschlusses von der
Künzelsauer Bürgerschaft an den Landtag und den König gerich-
tet bis endlich der Bau einer Anschlussbahn genehmigt wurde.
Nicht die Schnelligkeit bei der Trassenführung stand damals im
Vordergrund, sondern dass überhaupt eine Bahnanbindung für
das Gewerbe und die Bevölkerung geschaffen wurde. Mit dem
Bau der 12,16 Kilometer langen Strecke wurde im Sommer 1890
begonnen. Schon am 2. Oktober 1892 war feierliche Eröffnung.
Der Betrieb der Nebenstrecke wurde der Betriebsinspektion
Crailsheim zugeteilt. Der Charakter einer Lokalbahn ermöglichte,
dass die Beaufsichtigung durch Bahnwärter unterbleiben konnte.
Die Züge auf einer solchen Nebenbahn hatten anfänglich nur eine Höchstgeschwindigkeit von 15 km/h, die Reisegeschwindig-
keit lag noch darunter. Für den Verkehr auf der topografisch
schwierigen Strecke nach Künzelsau mit einem Gefälle von
1:26,5 (die steilste württembergische Strecke ohne Zahnstange!)
wurden extra zwei dreifach gekuppelte Tenderlokomotiven mit
einem Dienstgewicht von 30 Tonnen angeschafft, die württem-
bergische Klasse T 3. Die Lokomotive zog maximal vier Wagen.
Die Fahrzeit für die Strecke betrug im Winterfahrplan 1892/93 tal-
abwärts von Waldenburg nach Künzelsau 50 Minuten, bergauf
55 Minuten!

Kupferzell – ein typischer Bahnhof württembergischer Nebenbahnen

Recht kurz waren damals im späten 19. Jahrhundert die Pla-
nungs- und Bauzeiten für die Erstellung der Gleisanlagen und
Betriebsgebäude. Die Baupläne datieren vom April 1892, Eröffnung der Bahnlinie und des Gebäudes erfolgte am 2. Oktober
1892. Im Erdgeschoss des zweistöckigen Mittelbaus befand sich
ein mit einem Ofen heizbarer Warteraum, daran angebaut war eine eingeschossige, offene Wartehalle, die ebenfalls mit Bänken

Der Bahnhof vor der ersten Verlängerung des Lagerschuppens, Aufnah-me vermutlich um 1910

ausgestattet war. Auf der anderen Seite war ein kleiner Güter-schuppen angefügt. Dessen Fläche war bald zu klein, schon 1899 wurde er um das Doppelte verlängert und 1924 noch ein-mal vergrößert. Für den Dienstbetrieb reichte ein schmaler „Vor-standsraum" mit Kasse. Im ersten Stock wohnte der Bahnhofs-vorsteher mit seiner Familie in einem Wohnzimmer, einem Schlafzimmer und der Küche. Im Dachboden lagen ein weiteres heizbares Zimmer sowie zwei unheizbare Kammern. Der Kupfer-zeller Bahnhof war damit ein Prototyp für viele andere württem-bergische Stationsgebäude an Nebenbahnen geworden. Nach seinem Vorbild entstanden überall im Lande sogenannte Ein-heitsbahnhöfe von Oberschwaben bis in den Schwarzwald.

1924 erfolgte in der schwierigen Zeit kurz nach der Inflation sogar die Verlängerung der Strecke im Kochertal bis nach Forchten-berg. Die Gesamtlänge der Strecke betrug nunmehr 23,52 Kilo-meter. Seit dem 22. Juni 1924 waren endlich auch die Kleinstäd-te Ingelfingen, Niedernhall und Forchtenberg eisenbahnmäßig angebunden. Damals kamen dann vom Bahnbetriebswerk Heil-bronn die schweren Rangier- und Güterzuglokomotiven der Rei-he 94, eine preußische Lokkonstruktion, auf der Steilstrecke zum Einsatz.

Ein halbes Jahrhundert viel Betrieb

In der Hauptstation zwischen Waldenburg und Künzelsau, dem Marktort Kupferzell, herrschte in den 50 Jahren zwischen 1920 und 1970 reges Treiben. Damals fuhren noch die „Oberschüler" nach Künzelsau oder Schwäbisch Hall, Pendler benutzten die

Früh- und Abendzüge, Güter aller Art wurden hier aus- und ein-geladen. Seit 1956 übernahm ein „Bahnagent" im Auftrag der Deutschen Bundesbahn die Abwicklung der täglichen Geschäfte, Beamte hatten hier ausgedient.

Seit den sechziger Jahren war der Verkehr auf der Nebenbahn stark rückläufig. Die Konkurrenz der schnelleren PKW und Busse sowie der flexibleren LKW nahm der Strecke viele Aufgaben ab. Selbst der Einsatz etwas komfortablerer und schnellerer Schie-nenbusse konnte den Rückgang des Betriebs nicht mehr aufhal-ten. Der Personenverkehr kam mit dem Sommerfahrplan 1981 zum Erliegen. Erstaunlich lange konnte sich ein gewisser Güter-verkehr halten, denn erst am 15. Mai 1991 erfolgte die endgültige Streckenstilllegung.

Das Bahnhofsgebäude im Museum

Aufgrund seiner großräumigen Translozierung, also Versetzung von ganzen Raumteilen oder Geschossen ins Freilandmuseum, zeigt das Bahnhofsgebäude authentisch mit allen originalen Wand- und Deckenfüllungen und -oberflächen einen Zustand um 1950. Ergänzt werden mussten eigentlich nur die Fenster des Obergeschosses nach aufgefundenem Vorbild ebenso wie eini-ge Holzschindeln an der Fassade des Erdgeschosses und zer-störte Brettverkleidungen. Der ockerfarbene Anstrich entspricht dem Befund um 1930 bis 1950, ebenso die Innenraumgestaltun-gen, vor allem die Tapeten an den Wänden in der Wohnetage des Bahnhofsvorstandes. Das Stellwerk aus Walheim bei Heil-bronn wurde im Erdgeschoss eingebaut, um die alte Technik der mechanischen Steuerung vor dem Untergang zu retten. In Kup-ferzell selber gab es eine solche Einrichtung nicht. Hier wurden die Weichen von Hand umgelegt.

Gebäudedaten:

Länge x Breite: 24,50 m x 7,00 m
Abbau: 1990 in vier großen Raumteilen
Bauaufnahme verformungsgerecht im Maßstab 1:25:
Göbel und Reinicke, Neumarkt-St. Veit
Wiederaufbau: seit 1990
Eröffnung: 28. Mai 2000
Zeitstellung des Gebäudes: 1930/50

Literatur:

Häuser, Menschen und Museum, Band 1, Der Bahnhof aus Kupferzell. Die Geschichte eines württembergischen Stationsgebäudes und der Nebenbahn Waldenburg-Künzelsau, 2001.

1b Genossenschaftliches Getreidelagerhaus aus Kupferzell, Hohenlohekreis

Im Laufe des 19. Jahrhunderts wurde der Landwirt immer mehr zum Vermarkten seiner Produkte gezwungen. Nicht mehr die Erzeugung für den Eigenbedarf wie früher stand jetzt im Vordergrund der bäuerlichen Arbeit, sondern neue Getreidesorten, Düngung und vermehrte Viehhaltung ermöglichten eine steigende Produktion von Nahrungsmitteln, die an den Mann gebracht werden mussten. Vieh- und Getreidehändler zogen durch die Dörfer, kauften den Bauern deren überschüssige Erzeugnisse ab und übervorteilten dabei leicht die in kaufmännischen Dingen unerfahrenen Landleute. Gegen Ende des 19. Jahrhunderts gelangten Getreideimporte aus Nordamerika und Russland zu günstigen Konditionen in Deutschland auf den Markt, die zu einem nicht unerheblichen Preisverfall der einheimischen Erzeugnisse führten. Dies ging natürlich auch an der hiesigen Region nicht spurlos vorüber, galt doch damals die Hohenloher Ebene als Kornkammer Württembergs.

Als einer der wenigen, die sich in dieser für die Bauern schlechten Zeit für deren Belange einsetzten, ist der seit 1887 als Bürgermeister in Kupferzell tätige Wilhelm Dutt (1857- 1930) bekannt geworden. Als ausgebildeter Verwaltungsfachmann war er es gewohnt, sich neuen Aufgaben zu stellen und nicht auf Besserungen von außen zu warten. Angeregt durch die genossenschaftliche Bewegung des Darlehenskassen-Gründers Friedrich Wilhelm Raiffeisen, entschloss er sich, „das Wagnis auf mich zu nehmen und mich an die Spitze einer Bewegung für die Gründung und Weiterführung einer Getreideverkaufs-Genossenschaft für den Oberen Bezirk mit dem Sitz in dem zentral und an der Bahn gelegenen Kupferzell zu stellen".

Die Entstehung des Getreidelagerhauses

Ende 1896 berief Wilhelm Dutt achtzig Landwirte aus der Umgebung Kupferzells zur Gründungsversammlung einer Genossenschaft nach Kupferzell ein. Aufgabe der Genossenschaft sollte es sein, den Mitgliedern den Verkauf ihrer Ernte zu festen Preisen zu gewährleisten. Das gesammelte Getreide sollte direkt an Abnehmer größerer Partien wie Großmühlen oder Brauereien abgesetzt und bedingt durch die größere Menge dabei ein günstiger Preis für die Mitglieder erzielt werden. Um diesen Großhandel direkt beliefern zu können, musste das Getreide gereinigt und nach Qualitätsstufen vorsortiert werden, eine Arbeit, die der einzelne Bauer zur Verbesserung des Verkaufspreises kaum selber durchführen konnte.

Im Februar 1897 gelang es schließlich Wilhelm Dutt, dass das Statut der Getreideverkaufs-Genossenschaft von 172 Mitgliedern unterzeichnet und der Baubeginn des Lagerhauses, bestärkt durch einen zugesagten erheblichen Staatszuschuss, beschlossen wurde. Der Bau selber sollte bis zum Einbringen der Ernte fertig gestellt sein. Doch dazu sollte es nicht kommen. Ein Unwetter mit starkem Hagelschlag hatte die Felder am Spätabend des 30. Juni 1897 fast vollständig vernichtet.

Das Lagerhaus von der Bahnüberführung aus gesehen, kurz nach dem Anbau des Schuppens, Aufnahme um 1910

Die Genossenschaft überstand diese Belastungsprobe durch den Ankauf von Saatgetreide, Futtermitteln und Mehl und konnte sogar ihre Mitgliederzahl durch diese Hilfsaktion auf über das Doppelte steigern. Am 26. Oktober berichtete der „Hohenloher Bote", die damalige Lokalzeitung, dass das Lagerhaus nun aufgeschlagen sei. 1898 war es erstmals zur Aufnahme einer vollen Ernte seiner jetzt beinahe 400 Mitglieder bereit.

Der Betrieb im Lagerhaus

Das Lagerhaus ist in einer einfachen Fachwerkkonstruktion errichtet, seine Außenwände tragen auf der Außenseite eine senkrechte Holzschalung, durch waagerechte Jalousien an den Öffnungen ist es gut durchlüftet. Über einem unterkellerten Teil stehen drei Hauptgeschosse, das Dach ist in zwei Ebenen ausgenutzt. Im Erdgeschoss befindet sich der Anlieferungsbereich mit dem Büroraum, dem Absackungs- und Verladeraum und dem bodengleich eingelassenen Einfülltrichter für das anzuliefernde Getreide.

Über diesen Trichter rutschte das vorher gewogene und in bestimmte Qualitätsstufen eingeordnete Erntegut in den Keller, von wo aus es das elektrisch betriebene Becherwerk, die „Elevatoren", bis in die Dachspitze hinauf beförderte. Durch die Schwerkraft verteilte es sich über diverse Holzröhren nach unten in die

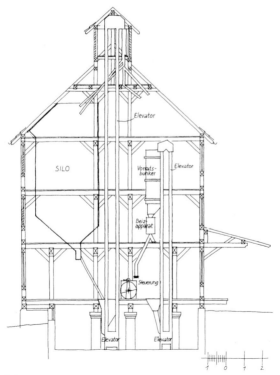

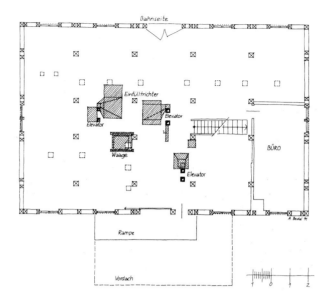

Grundriss (oben), Längsschnitt (unten) und Querschnitt (links unten) des Lagerhauses mit der technischen Einrichtung kurz vor dem Abbau. Zur Verdeutlichung sind die technischen Anlagen hervorgehoben.

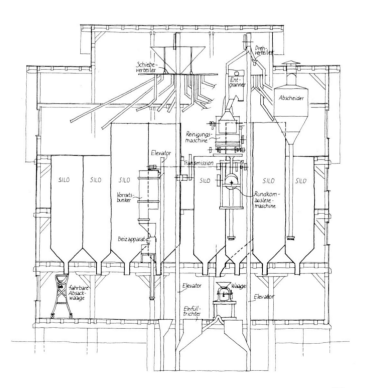

Wilhelm Friedrich Dutt (1857–1930), Bürgermeister in Kupferzell, mit seiner Gattin

Reinigungsmaschinen oder gleich in die Lager- und Sortiersilos. Die großen Lagersilos sind über zwei Geschosse in den oberen Stockwerken eingebaut. Insgesamt sind zehn Lagersilos vorhanden und fünf kleinere Sortiersilos. An Reinigungseinrichtungen für das Getreide besaß die Genossenschaft anfänglich eine Windfege, einen Staubabscheider, ein sogenannter „Zyklon", einen „Trieur" (Unkraut-Ausleser) und einen „Aspirateur" (Siebreinigung mit Gebläse), zusätzlich eine Schrotanlage. Sämtliche Maschinen waren elektrisch betrieben, so dass das Lagerhaus von Anfang an nur von einer Person bedient werden musste – ein wirtschaftliches Anliegen Wilhelm Dutts. Um die Genossenschaft geschäftlich auf eine breitere Basis stellen zu können, wurde ab 1906 Thomasmehl als Düngemittel an die Mitglieder vertrieben. Dafür erhielt das Lagerhaus auf der Büroseite einen kleinen einstöckigen Lagerschuppen als Anbau. Nach dem in dieser Zeit erfolgten Zusammenschluss mit der Öhringer Genossenschaft zur „Hohenlohischen Getreideverkaufs-Genossenschaft" war man jetzt auch eine Einkaufsorganisation. Dieser Geschäftsbereich wurde 1921 erweitert mit dem Bau einer großen Kunstdüngerlagerhalle als gesondertes Gebäude hinter dem Lagerhaus, die mit einer elektrischen Hochbahn vom Gleisanschluss aus bedient wurde. Diese baulichen Zufügungen wurden beim Wiederaufbau in Wackershofen nicht übernommen.

Uns erstaunen heute die damaligen Geschäftszeiten, das Lagerhaus war jeden Werktag zwölf Stunden von 6 bis 12 Uhr vormittags und nachmittags von 13 bis 19 Uhr geöffnet. Die Bauern mussten ihre Getreideanlieferung vorher anmelden, um Wartezeiten zu vermeiden. Der Lieferant hatte die Pflicht, beim Reini-

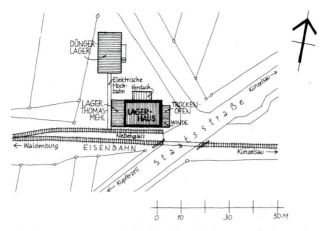

Lageplan des Lagerhauses mit den baulichen Ergänzungen in den ersten Jahrzehnten des 20. Jahrhunderts, um 1925

gen und Verwiegen seines Getreides anwesend zu sein und gegebenenfalls mit Hand anzulegen.

Im Laufe der Zeit modernisierte sich die technische Einrichtung nur unwesentlich. Eine wesentliche Verbesserung wurde 1924 mit der Anschaffung einer Trocknungsanlage erreicht. Als die alte Genossenschaft 1958 in die „Landwirtschaftliche Kreisgenossenschaft Öhringen" aufgeht und gleichzeitig ein neues Silogebäude entsteht, unterbleiben im alten, zu klein gewordenen Lagerhaus weitere notwendige Neuerungen. Endgültig stillgelegt wurde es 1981.

Eine Aufnahme von 1938: Auf der Westseite führt eine elektrische Hochbahn mit Kipploren in die neue Düngerlagerhalle.

Das Lagerhaus von Norden kurz vor dem Abbau 1985, das Ziegeldach ist weitgehend vermoost.

Vom Abbruchkandidaten zum Museumsstück

Das Kupferzeller Lagerhaus von 1898 gilt als das älteste genossenschaftliche Lagerhaus Baden-Württembergs – manche meinen sogar ganz Deutschlands. Es war Wegbereiter für ähnliche Einrichtungen im Lande, so für das 1900 begonnene Unternehmen in Öhringen.

Als die Gemeinde Kupferzell nach der Stilllegung des Betriebs das Lagerhaus wegen einer Straßenverbreiterung abreißen wollte, führte dies zu Überlegungen, wie man dieses für die Entwicklung des Genossenschaftswesens einmalige „Dokument" würdig der Nachwelt erhalten könne. Eine Erhaltung vor Ort unter musealen Gesichtspunkten schied aus, so dass die Versetzung des Gebäudes in das Hohenloher Freilandmuseum mit dem entsprechend großen finanziellen Aufwand ins Auge gefasst wurde. Die Bedeutung des Kupferzeller Lagerhauses als Denkmal fortschrittlicher Technik und früher gemeinschaftlicher Selbsthilfe veranlasste den Württembergischen Genossenschaftsverband, sich mit erheblichen Mitteln an der Translozierung zu beteiligen. Somit gelang es den Verantwortlichen, das Lagerhaus samt seiner historisch bedeutsamen und komplizierten Technik vollständig und funktionsfähig in Wackershofen neben den Bahngleisen wieder aufzubauen. Dank der Hilfe der Maschinenfabrik Eirich aus Hardheim, deren Spezialität seit Generationen Mühleneinrichtungen sind und die auch die erste Einrichtung des Lagerhauses geliefert hatte, gelang der sachgerechte Aus- und funktionsfähige Wiedereinbau der Transport- und Reinigungsmaschinen. Der Besucher findet heute im Innern eine Texttafelausstellung speziell zur Geschichte des Kupferzeller Lagerhauses und allgemein zur Entwicklung des Genossenschaftswesens in Deutschland – hier sei nur an die großen Persönlichkeiten Friedrich Wilhelm Raiffeisen, dessen Familie aus der hiesigen Gegend stammt, und an Hermann Schulze-Delitzsch erinnert.

Zu festen Zeiten wird das Lagerhaus von fachkundigem Personal in Betrieb genommen, die jeweiligen Vorführzeiten sind im Kassenraum ausgehängt. Auf einer Schautafel mit beweglichen Lichtpunkten kann auch der Besucher, der nicht die Vorführung der Transport- und Reinigungstechnik erleben kann, die Bewegung des Getreides gut nachvollziehen.

Gebäudedaten:
Länge x Breite: 15,85 m x 10,15 m
Abbau: 1986 (Ausbau der Technik 1985), zerlegt in Einzelteile
Bauaufnahme verformungsgerecht im Maßstab 1:25:
Göbel und Reinicke, Neumarkt-St. Veit
Wiederaufbau: 1987/88, Eröffnung 6. Mai 1989
Zeitstellung des Gebäudes: um 1900

Literatur:
Wilhelm Dutt, Studien über die landwirtschaftlichen Verhältnisse und den Getreidehandel in Württemberg, Böblingen 1926
Siegfried Mezger, Wilhelm Friedrich Dutt und das genossenschaftliche Lagerhaus Kupferzell, in: Mitteilungen des Hohenloher Freilandmuseums Nr. 5, 1984

Ein Blick ins Erdgeschoss vor dem Abbau. Gut zu erkennen sind die vielen Abfüllstutzen der Silos.

29

1c Transformator-Turm aus Hergershof, Gemeinde Braunsbach, Kreis Schwäbisch Hall

In den knapp zwanzig Jahren von 1895 bis 1913 vermehrte sich in Deutschland die Anzahl von anfänglich 180 Stromgewinnungswerken auf beinahe 4100 Elektrizitätswerke. Dabei war eine große Vielfalt an technischen Ausstattungen üblich: Die Lichtspannung variierte zwischen 110, 120 und 220 Volt, an Stromarten wurde Gleich-, Wechsel- und Drehstrom nebeneinander erzeugt. Erst kurz vor dem Ersten Weltkrieg eroberte die Elektrizität auch das flache Land, in manchen Gegenden erreichten die Stromleitungen die Dörfer erst in den zwanziger Jahren.

In den Anfangsjahren der Elektrifizierung war es vorrangig die Beleuchtung, wegen der die neue Technik installiert wurde. Dass das Land relativ spät mit dieser neuen Kraft versorgt wurde, hat sicher auch neben der geringen Siedlungsdichte damit zu tun, dass die Landwirtschaft als Abnehmer weder für die elektrische Beleuchtung noch für elektrisch betriebene Maschinen anfänglich in Frage kam. Erst das Aufkommen motorgetriebener Geräte zur Unterstützung der bäuerlichen Arbeit verhalfen der „Verstromung" auch hier zum Durchbruch. Da die Versorgung der ländlichen Gemeinden kaum wirtschaftlich für größere Unternehmen durchzuführen war, waren es die Müller, die sich in ihre wasserkraftbetrieben Mühlen einen Generator einbauen ließen, um dann im Nebenverdienst den Gemeinden Strom zu liefern. Aus vielen dieser kleinen Anfänge entwickelten sich später stattliche Elektrizitätswerke.

Die Trafostation in Hergershof wurde im Zuge einer neuen Überlandleitung durch das Elektrizitätswerk Braunsbach im Jahr 1910 gebaut. Die Pläne für diesen und ähnliche Türme fertigte der Haller Werkmeister Schindler. Über siebzig Jahre in Betrieb, wurde mit dem Bau eines neuen Trafohauses die alte Station 1985 überflüssig.

Im Museum zeigt der Transformatoren-Turm wieder das historisch richtige Innenleben: Eine über einen großen Schalter zu betätigende 20 kV-Sicherung schützt den eigentlichen Transformator. Über eine dem Trafo nachgeordnete Niederspannungsverteilung führen verschiedene Stromkreise nach oben in die Freileitungen. Im Museum stehen diese historischen Einrichtungen aus der Zeit um 1930 natürlich nicht mehr unter Strom, nur die Freileitungen zum Bahnhof und zum Lagerhaus stehen unter Spannung. Die interessante technische Ausrüstung mit originalem Material hat dankenswerter Weise das Elektrizitätswerk Braunsbach besorgt.

Gebäudedaten:
Länge x Breite: 2,60 m x 2,60 m
Abbau: 1988 in drei Gebäudeteilen
Wiederaufbau: 1988/89
Zeitstellung des Gebäudes: Um 1910

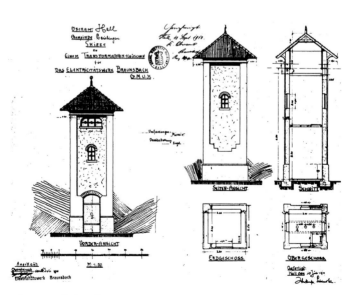

Baugesuch für die Errichtung des „Transformatoren-Häuschens" vom Juli 1910, eingegeben für einen Bauplatz in Geislingen, ausgeführt in Hergershof

2a Gasthof „Roter Ochsen" aus Riedbach, Stadt Schrozberg, Landkreis Schwäbisch Hall

Von Beginn der Planungen an war vorgesehen, im Hohenloher Freilandmuseum ein Gaststättengebäude für die Besucher zu errichten. War anfangs an einen reinen Neubau außerhalb des Museumsgeländes gedacht, entschloss sich die Museumsleitung schon bald, ein historisches Gasthaus mit zeitgemäßer Gastronomie zu errichten. Ein dafür geeignetes Objekt zu finden, war nicht leicht. Es musste abgängig sein, ausreichende Größe aufweisen, architektonisch und historisch von regionaler Bedeutung sein, originale Bausubstanz aufweisen und dazu die Möglichkeit bieten, die notwendige moderne Technik ohne allzu einschneidende bauliche Veränderungen im Baukörper selber unterzubringen. Diese Voraussetzungen trafen bei dem ehemaligen „Roten Ochsen" in Riedbach bei Schrozberg zu. Das große zweistöckige Gasthaus stand seit Jahren leer und sollte vom Besitzer abgerissen werden. Selbst das Denkmalamt konnte eine Genehmigung des Abbruchs nicht mehr verhindern.
Das giebelseitig zur Hauptstraße gelegene Gebäude zeigte vor Ort mehrere Bauphasen. Die Rückseite mit dem später verputzten Sichtfachwerk vermittelt noch in Ansätzen die Wirkung des ursprünglichen Baues vom Anfang des 18. Jahrhunderts. Im Laufe des 19. Jahrhunderts wurden die anderen Fachwerkwände durch massive Mauern ersetzt. Zum Gasthaus „Roter Ochsen"

gehörte eine große Hofanlage, von der heute in Riedbach nur noch die massive Scheune steht. Das Haupthaus besaß einen zweigeschossigen Anbau mit Schweinestall und Nebenkammern darüber. Gegenüber stand der separate Tanzsaal, den man vom Obergeschoss des Gasthauses über eine Brücke erreichen konnte. Darunter befand sich ein gewaltiger Gewölbekeller.

Das älteste bekannt gewordene Foto des „Roten Ochsen", es soll im Juli 1918 aufgenommen worden sein.

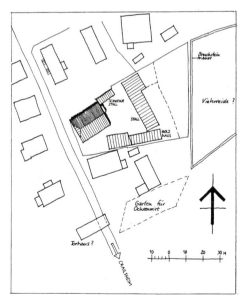

Lageplan des Gasthofes nach der Urkarte von 1830 gezeichnet. Auffallend ist die große ummauerte Baumwiese im Osten, deren einstige Bedeutung Rätsel aufgibt.

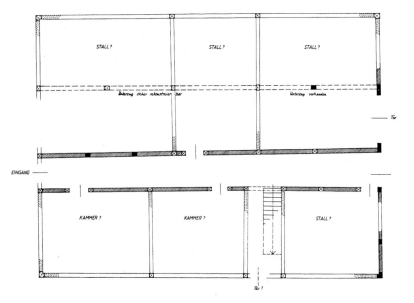

Haus- und Besitzergeschichte

Das mächtige, zweigeschossige Haus war von Anfang an als Gastwirtschaft geplant worden. Dabei lagen, wie man bei der Bauuntersuchung zweifelsfrei feststellen konnte, die Gasträume mit der dazugehörigen Wohnung im Obergeschoss, im Erdgeschoss waren Ställe und die notwendigen Nebenräume eingebaut. Im Gegensatz zu den normalen Bauernhäusern ist der Ochsen giebelseitig erschlossen und betont damit seine Bedeutung für den Ort. Das Baudatum dieses Hauses konnte trotz dendrochronologischer Untersuchung und archivalischer Quellenforschung nicht aufs Jahr genau ermittelt werden. Es stellte sich bei den vielen wiederverwendeten Hölzern und den mannigfachen späteren Veränderungen die Zeit um 1715 als das eigentliche Baudatum heraus, wenn es auch einen Vorgängerbau gegeben haben muss, der wohl Anfang des 16. Jahrhunderts neu erstand. Den barocken Neubau ließ Johann Peter Schmitt erstellen, der in erster Ehe die Witwe des vorherigen Wirtes heiratete. Das Gasthaus blieb im Besitz der Verwandtschaft über viele Generationen hinweg, bis es 1955 erstmals an Fremde verkauft wird. Unter Johann Conrad Friedrich Ziegler, der in die Schmidtsche Familie eingeheiratet hatte, wird der Ochsen 1811 Poststation am Postkurs Augsburg – Frankfurt/Main zwischen Crailsheim und Bad Mergentheim. Diese Aufwertung des Landgasthofes hatte auch einen starken baulichen Wandel zur Folge. Ziegler ließ die Straßenfront in Stein erneuern und die Tor-, Tür- und Fenstergewände in zeitgemäßem Geschmack gestalten. Im Zuge dieser Maßnahme wurde das barocke Satteldach auf der

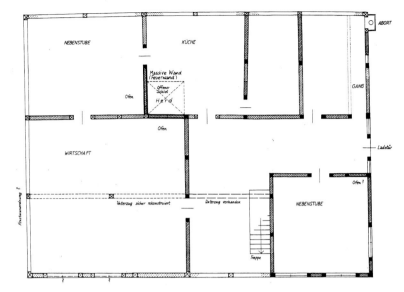

Rekonstruktionszeichnung nach Befunden des Erdgeschosses zur Bauzeit 1715, damals bestanden auch die Außenwände aus Fachwerk (links).

Rekonstruktionszeichnung nach Befunden des Obergeschosses zur Bauzeit 1715, die große Wirtsstube und die Feuerungseinrichtungen sind noch gut nachvollziehbar (rechts).

Rekonstruktion des rückwärtigen Ostgiebels zur Bauzeit 1715, deutlich hebt sich die Nebenstube mit dem großen Fenster heraus.

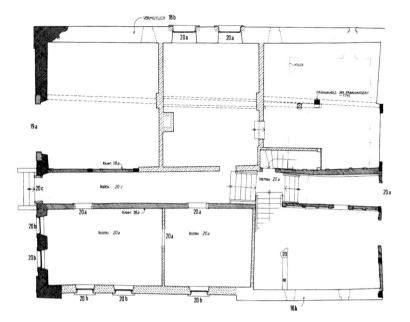

Straßenseite abgewalmt, um dem Haus ein für die damalige Zeit modernes Gesicht zu geben. Auf uns macht es heute einen altertümlichen Eindruck. Nach dem Tode Zieglers 1845 erbte der jüngste Sohn Georg das Gasthaus, der es nur sechs Jahre führen konnte. Bald darauf wurde Riedbach vom benachbarten Niederstetten die Poststation mit Erfolg streitig gemacht. 1854 wird die Poststation in Riedbach geschlossen. In der Zeit war das Gasthaus im Besitz von Johann Georg Fleck, der in zweiter Ehe mit der Frau Georg Zieglers verheiratet war. Durch Vererbung und Kauf gelangte der Ochsen schließlich um 1880 in den Besitz der Familie Niklas, die ihn durch drei Generationen bis 1955 bewirtschaftete. In dieser Zeit ging die Bedeutung des Gasthauses für die Durchreisenden, insbesondere nachdem die parallel laufende Bahnlinie eröffnet war, immer mehr zurück. Bald war die Wirtsstube im Obergeschoss für den geringen Bedarf zu groß, so dass im Erdgeschoss rechts von der Eingangstür zwei kleine Gasträume genügten. Aber immer noch konnte im Ochsen übernachtet werden, dafür waren in der Bühne zwei Kammern eingerichtet. Über die Zeit von 1897 bis 1922 ist ein Gästebuch erhalten, aus dem hervorgeht, dass der „Ochsen" damals nicht ein Gasthaus der feinen Leute war, sondern eher das einfache Volk hier zum Übernachten einkehrte.

Der König von Württemberg im „Ochsen"?

Beim Abbau des Gasthauses erzählten Dorfbewohner den Museumsmitarbeitern eine alte „Sage", die mit dem „Ochsen" zusammenhänge. Danach sei einmal der wegen seiner Leibesfülle

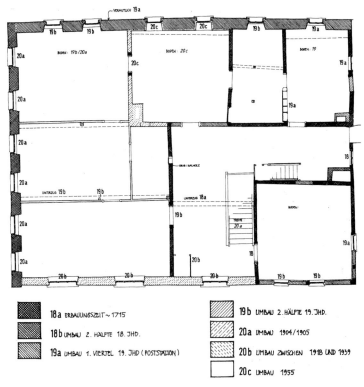

▓ **18a** ERBAUUNGSZEIT ~ 1715	▨ **19b** UMBAU 2. HÄLFTE 19. JHD.
▨ **18b** UMBAU 2. HÄLFTE 18. JHD.	▨ **20a** UMBAU 1904/1905
▨ **19a** UMBAU 1. VIERTEL 19. JHD. (POSTSTATION)	▨ **20b** UMBAU ZWISCHEN 1918 UND 1939
	□ **20c** UMBAU 1955

Baualtersplan Erdgeschoss (links) und Obergeschoss (rechts) mit Eintragungen der sieben wesentlichen Bauphasen

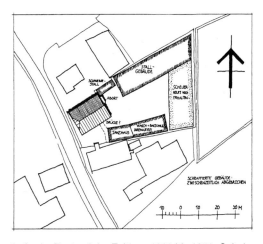

Lageplan des Gasthofes im Zustand der Zeit von 1900 bis 1950. Seit der ersten Vermessung sind eine neue Scheune, ein Stallgebäude und ein Wasch- und Backhaus hinzugekommen.

Beim Wiederaufbau erhielt der Nebensaal die Wandfassung aus der Zeit um 1810, als der württembergische König Riedbach besuchte.

bekannte König von Württemberg durch Riedbach gekommen und im „Ochsen" eingekehrt. Des Nachts habe er seine Notdurft verrichten müssen, den vorhandenen Nachttopf als zu klein empfunden und schließlich nach mehreren Angeboten größerer Gefäße einen eilig herbeigeschafften Waschbottich als passend akzeptiert.

Nachforschungen in den Archiven ergaben, dass der beleibte König Friedrich I., um den es sich hier handeln müsste, vom 24. bis 28. Juli 1810 eine Reise nach Weikersheim unternommen hatte, wobei er tatsächlich am 27. Juli 1810 vormittags durch Riedbach gekommen ist. Eine Übernachtung ist nicht belegt, aber eine Erfrischungspause in dem stattlichen Gasthaus ist durchaus wahrscheinlich. Somit kann die Riedbacher „Dorfsage" auf einer wahren Begebenheit beruhen.

Auch spricht die bauliche Ausstattung des Nebenzimmers links des Treppenaufgangs für einen hohen Besuch in dieser Zeit im „Ochsen". Unter mehreren Farbfassungen wurde hier ein auffälliges Rosa auf den Wänden und eine Bemalung auf der Holzvertäferung mit klassizistischen Blumen- und Rankenwerk freigelegt. Auf den senkrechten Stegen der Holzkassetten sind kleine Medaillons platziert, die jeweils ein Porträt im Schattenriss zeigen. Diese Art der Raumgestaltung mit dem klassizistischen Feston, den bogenförmig durchhängenden Blumengirlanden und den Scherenschnittporträts lässt eine Entstehungszeit um 1810 ver-

muten, also die Zeit, als König Friedrich auf seiner Inspektions-
reise durchs Hohenlohische fuhr. Vielleicht ließ damals der Och-
senwirt Ziegler für den kurzfristig angesagten hohen Besuch dieses Zimmer schnell dem damaligen Geschmack entsprechend
neu ausgestalten.

Das Gasthaus „Ochsen" im Museum

Beim Wiederaufbau in Wackershofen musste das alte Gasthaus
zwei Forderungen erfüllen: einmal sollte es historisch so getreu
wie möglich unter Weglassung neuerer zerstörerischer Einbauten wieder erstehen, andererseits sollte es als bewirtschaftete
Gaststätte für die Bewirtung der Museumsbesucher praktisch
eingerichtet sein.
Nach den Originalbefunden wurde im Obergeschoss die über 50
m2 große Gaststube wieder hergestellt. Die moderne Gaststät-
tenküche konnte unter Einbeziehung der ehemaligen Speisekammer genau da wiedererstehen, wo die Küche seit alters her
angeordnet war. Die barocke Treppe, der Flur und die sonstige
Raumeinteilung blieben unverändert. Die notwendigen Funk-
tionsräume wie die sanitären Anlagen, Heizung, ein Lastenauf-
zug und Kühlzelle liegen im Erdgeschoss, das schon vor Ort
durch massive Eingriffe in jüngerer Zeit recht umgemodelt war.
Auch nach dem verheerenden Brand im Dezember 1993 wurden
beim zweiten Wiederaufbau trotz aller notwendigen modernen
Ausstattungen die historischen Bautechniken angewandt. So
sind alle Fachwerkinnenwände wirklich mit Lehmflechtwerk wieder ausgefacht worden, die Decken sind Holzbalkenkonstruktio-

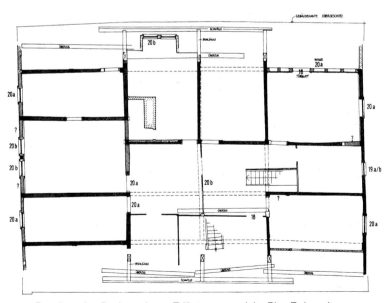

Baualtersplan Dachgeschoss, Erläuterungen siehe Plan Erdgeschoss

So sah der Eingang zuletzt vor Ort aus, das Kunststeingewände ersetzte 1955 die barocke Haustür. Nach historischen Fotos konnte der originale Zustand im Museum wieder hergestellt werden.

nen, die Außenwände sind aus Bruchsteinen aufgemauert. Innendekoration und Außenanstrich sind nach Befunden am Bau ausgewählt worden, wobei bewusst nicht auf eine zeitlich einheitliche Farbfassung wert gelegt wurde. Das rotbraune Fachwerk mit dem Beistrich entspricht dem ursprünglichen Bild aus der ersten Hälfte des 18. Jahrhunderts, der Nebenraum ist nach Schablonenmotiven für Gasthäuser der 1920er Jahre aus dem benachbarten Bartenstein ausgestattet worden.

Trotz der „modernen" Nutzung als Gaststätte haben sich die Museumsarbeiter bemüht, die alten Lehmflechtwände wieder herzustellen.

Beim Wiederaufbau konnten nicht alle Teile übernommen werden, hier der Wandschrank im Obergeschoss zwischen der Speisekammer und der hinteren Kammer.

Gebäudedaten:

Länge x Breite: 18,20 m x 13,80 m

Abbau: 1983, zerlegt in Einzelteile

Bauaufnahme verformungsgerecht im Maßstab 1:25:
Albrecht Bedal und Robert Crowell, Karlsruhe

Farb- und Putzuntersuchung: Ernst Stock, Schwäbisch Hall

Wiederaufbau: 1984/85, eröffnet seit 1986, Brand 1993,
Wiedereröffnung 1996

Dendrochronologische Datierung: Hans Tisje, Neu-Isenburg

Zeitstellung des Gebäudes außen wie innen (bis auf die modernen Einbauten): um 1820

Literatur:

Gasthof zum Roten Ochsen, Kataloge und Begleitbücher des Hohenloher Freilandmuseum Nr. 3, 1986 mit den Aufsätzen:

Albrecht Bedal, Architektur und Baugeschichte des Gasthofs

Ernst Stock, Putz und Farbe – Was der Restaurator im „Ochsen" fand

Albrecht Bedal/Heinrich Mehl, Der „Rote Ochsen" wird ins Museum versetzt

und weitere Beiträge über den „Roten Ochsen" im Wandel der Zeiten von Heike Krause, Heinrich Mehl, Sibylle Frenz und Hedwig Rösle-Kizler

Mitteilungen des Hohenloher Freilandmuseum Nr. 5, 1984 mit ähnlichen Beiträgen

Albrecht Bedal, Wie Phönix aus der Asche – Der Wiederaufbau des Museumsgasthauses „Roter Ochse", in: Mitteilungen des Hohenloher Freilandmuseums 17, 1996

2b Tanzhaus aus Oberscheffach, Gemeinde Wolpertshausen, Landkreis Schwäbisch Hall

Aus den alten Katasterplänen von Riedbach ist gut abzulesen, dass zum Gasthaus selber mehrere Nebengebäude gehörten. Gegenüber dem Hauptgebäude stand schon 1833 ein weiteres Wohnhaus, das in einer Beschreibung für die Besteuerung 1838 als „Tanzsaal" bezeichnet wird. Es soll sogar später einmal mit einer Brücke an das Gasthaus selber angebunden gewesen sein. Ein solcher Tanzsaal fand sich in Oberscheffach hinter dem dortigen Gasthaus „Falken". Auf einem gemauerten, hoch herausragenden Kellersockel stand ein einfaches Fachwerkgebäude aus der Zeit um 1800. Als das Museum ihn entdeckte war er schon einsturzgefährdet und zum Abbruch freigegeben. Im Innern war noch das originale „Geigenständle" auf der Rückseite des Saales erhalten, der selber durch ein Sprengwerk im Dach stützenfrei gehalten war. Das Oberscheffacher Tanzhaus stand dicht am Gasthaus, ein überdachter, schmaler Zwischenbau stellte die Verbindung zu ihm her.

Zusammen mit dem Gasthaus „Ochsen" aus Riedbach wurde im Hohenloher Freilandmuseum eine neue Baugruppe komponiert, Anschluss und Lage des Tanzhauses stimmen mit der Situation in Oberscheffach überein. Da das in den Hang hineingemauerte Untergeschoss vor Ort verbleiben musste, wurde in Wackershofen ein neues Erdgeschoss rekonstruiert und zwei im Bauhof eingelagerte, datierte Rundbogengewände als Tore eingebaut.

Gebäudedaten:
Länge x Breite (nur Tanzhaus ohne Zwischenbau):
9,50 m x 7,70 m
Abbau:1983, zerlegt in Einzelteile
Bauaufnahme im Maßstab 1:50: Hochbauamt der Stadt Schwäbisch Hall, Gerhard Leibl
Wiederaubau: 1984/85, eröffnet seit 1986
Zeitstellung des Tanzsaales: Mitte 19. Jahrhundert

Das baufällige Tanzhaus hinter dem Gasthaus „Falken" in Oberscheffach kurz vor dem Abbau

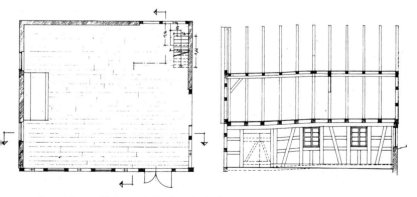

Grundriss und Längsschnitt. Durch ein Sprengwerk im Dach konnte der Saal stützenfrei gehalten werden.

2c Nebengebäude aus Steinbach, Stadt Künzelsau, Hohenlohekreis

Hinter dem Gasthaus „Roter Ochsen" stand in Riedbach bis in die 50er Jahre ein Schweinestall mit Remise und darüber gelegener Knechtskammer. Um diese Hofsituation ungefähr wieder im Museum nachvollziehen zu können, wurde ein kleines Wirtschaftsgebäude aus Steinbach an die Stelle des schon lang abgegangenen Riedbacher Schweinestalles gesetzt. Der Steinbacher Nebenbau besteht aus Schweinestall, Remise und Backofen, neben dem eine Trockenkammer als „Hutzeldarre" gedient hat. Bis auf Fachwerkteile in den Dachgiebeln und am Schweinestall ist er massiv aus Sandsteinen aufgemauert. Über das genaue Baudatum ist nichts bekannt, die Art des Fachwerks und des Mauerwerks lassen auf eine Entstehungszeit in der ersten Hälfte des 19. Jahrhunderts schließen.

Bei diesem relativ kleinen Gebäude gelang es dem Hohenloher Freilandmuseum zum ersten Mal, die ganze Balkendecke über dem Erdgeschoss in einem Stück zu translozieren. Ausschlaggebend für die Wahl dieser Versetzungsmethode war, dass die gesamte Lehmausfachung zwischen den Balken noch recht gut erhalten und durch das Backofenfeuer Ruß geschwärzt war und dass im Bereich des Backofens die hölzernen Deckenbalken aus Brandschutzgründen auf der Unterseite mit alten Biberschwanzziegeln verkleidet waren. Bei einer Zerlegung wären gerade die

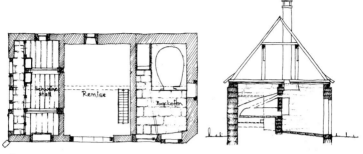

Grundriss und Schnitt. Schweinestall und Backofen in einem Gebäude sind nichts Ungewöhnliches.

interessanten, starken Gebrauchsspuren im Bereich des Backofens unwiederbringlich verloren gegangen.

Gebäudedaten:

Länge x Breite: 10,40 m x 5,70 m
Abbau: 1984, Decke und Dachgiebel in ganzen Teilen
Bauaufnahme im Maßstab 1:50: Hochbauamt der Stadt Schwäbisch Hall, Gerhard Leibl
Wiederaufbau: 1985
Zeitstellung des Gebäudes: um 1850

Literatur:

Gerhard Leibl, Zur ganzheitlichen Translozierung des Nebengebäudes aus Steinbach, in Mitteilungen des Hohenloher Freilandmuseums Nr. 6, 1985

Als das Museum das Nebengebäude entdeckte, war schon fast das ganze Dach abgebrochen.

45

2d Schankhalle vom Gasthaus Stern aus Oberfischach, Gemeinde Obersontheim, Kreis Schwäbisch Hall

Um die Jahrhundertwende war es im Sommer ein beliebtes Sonntagsvergnügen, aufs Land zu ziehen und dort in einer der vielen Gastwirtschaften zu kegeln. Dafür wurden extra Kegelbahnen mit einem offenen, aber überdachten Freisitz gebaut.
Teil einer solchen Kegelbahn war unsere Schankhalle, die als Ersatz für eine ältere Anlage um 1905 direkt neben dem Gasthaus errichtet wurde. Im Feuerversicherungsbuch der Gemeinde wird sie 1907 erwähnt: „Eine freistehende einstockige Kegelbahn mit Schenkhalle auf Fußmauern und Freipfosten, Stangen mit Satteldach". Die Art des Aufbaus mit den unentrindeten Rundhölzern und den diagonal aufgenagelten Latten ist typisch für viele gleichartige Kegelbahnen oder Gartenlauben in der damaligen Zeit. Nur wenige dieser einmal weit verbreiteten Anlagen sind heute noch erhalten, so z. B. ein kleiner Pavillon beim ehemaligen Gasthaus Adler im Nachbarort Hausen oder eine ganze Kegelbahn mit Halle in Laudenbach im Vorbachtal.
Die Oberfischacher Schankhalle ist mit ihren 11 m Länge gegenüber den sonst bekannten Kegelbahnen recht geräumig. Dabei fällt beim Vergleich mit den Lageplänen eine Unstimmigkeit auf: noch um 1960 ist die Halle nur mit einer Länge von 5 m eingetragen, die Kegelbahn selber misst 16 m. Da bei der Halle keine

Umbauspuren zu entdecken sind – sie wirkt wie aus einem Guss – muss man davon ausgehen, dass sie nur 5 m lang geplant, aber über doppelt so lang ausgeführt wurde, ohne die Baubehörden davon in Kenntnis zu setzen.

Vom Betrieb der Kegelbahn zeugt eine Aufnahme von 1938. Mit Beginn des 2. Weltkrieges wurden solche sonntäglichen Vergnügungen eingestellt, die auch nach dem Krieg nicht wieder auflebten. Für diese einfache Unterhaltung von Alt und Jung war jetzt keine Zeit mehr. So wurde die Bahn selber schon 1951 abgebrochen. Die Schankhalle verdankte ihr langes Leben dem Umstand, dass sie sich wegen der guten Durchlüftung besonders gut als Brennholzlager eignete.

Gebäudedaten:
Länge x Breite: 11 m x 5,50 m
Abbau: 1990, Versetzung in einem Stück
Bauaufnahme verformungsgerecht im Maßstab 1:25:
Göbel/Reinicke, Neumarkt-St. Veit
Wiederaufbau: 1990
Zeitstellung: um 1910

Vor der Kulisse unserer Schankhalle präsentiert sich 1933 der Oberfischacher „Kegel Club".

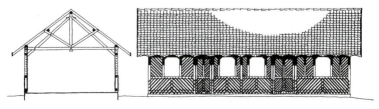

Querschnitt und Ansicht des aus Rundholz gebauten Pavillons

2e Kegelbahn mit Trinkhalle aus Dischingen, Landkreis Heidenheim

Genau hundert Jahre lang – von 1896 bis 1996 – hat die Kegelbahn der früheren Bahnhofswirtschaft in Dischingen stehen bleiben dürfen. Auch wenn dort seit den 1960er Jahren kein Bier mehr ausgeschenkt wurde und keine Kegel mehr geschoben wurden, so blieb sie doch eine Zierde an der Ortseinfahrt. Erst der beabsichtigte Neubau von Wohnhäusern machte ihr den angestammten Platz streitig. Als Kegelbahn mit Gartenwirtschaft

Die großen Teile der Kegelbahn auf der Reise nach Wackershofen

hat sie das Hohenloher Freilandmuseum gerettet und im Garten unseres Museumsgasthauses wieder aufgestellt.

In dem großen Dorf Dischingen gab es noch drei weitere Kegelbahnen. Unsere Kegelbahn mit dem achteckigen „Rondell", wie der große Raum vor der eigentlichen Kegelbahn von den Leuten genannt wurde, soll aber die schönste und größte gewesen sein. Sie hatte den Vorteil des Holzbodens gegenüber den anderen Bahnen, die einen harten Betonboden besaßen und auch viel offener gebaut waren. Hier konnte man sich auch noch am Abend aufhalten, das soll bis in den November hinein ausgenutzt worden sein.

Neben dem Kegeln am Samstagabend war im Rondell Platz zum Schafkopf spielen. Auch aus den Nachbarorten kamen noch nach dem 2. Weltkrieg die Besucher zur Kegelbahn der Bahnhofswirtschaft zu Fuß oder mit dem Fahrrad. Im Trinkpavillon saßen die Gäste auf den fest eingebauten Bänken an der Wand entlang, wenn nötig, wurden auf der Innenseite Stühle dazugestellt. Das Bier musste von der Wirtschaft herübergetragen werden.

Gebäudedaten:
Länge x Breite: 21,5 x 8 m
Abbau: 1996 in drei Teilen
Wiederaufbau: 1996
Innenausbau: 1999
Zeitstellung: um 1900

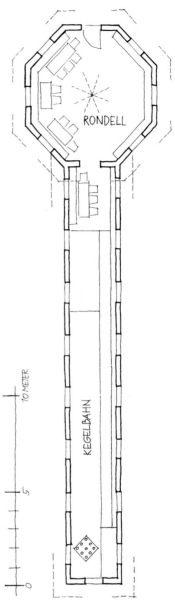

Grundriss der Kegelbahn mit dem achteckigen Pavillon

3a Wohn-Stall-Haus aus Elzhausen, Gemeinde Braunsbach, Landkreis Schwäbisch Hall

In seiner Gestaltung mit dem Erdgeschoss aus behauenen Sandsteinquadern und dem einfachen Fachwerk im Obergeschoss sowie in seiner Aufteilung mit den Stallräumen unten und der Wohnung oben entspricht das Elzhausener Haus ziemlich genau dem vom Kupferzeller Pfarrer Mayer beschriebenen und empfohlenen Gebäudetypus für die Bauernhäuser in unserer Region. In seinem „Lehrbuch für die Land- und Hauswirthe", gedruckt 1773 in Nürnberg, beschreibt er einen seiner Meinung nach idealen Bauernhof. Dort ist auch ein solches Wohn-Stall-Haus mit der dazugehörigen Scheune abgebildet. Drei Türen führen in das massiv gemauerte Erdgeschoss, die mittlere davon ist die Haustür, die in den Querflur mit der einläufigen Treppe führt. Links und rechts ist der Flur von den beiden Stallräumen eingerahmt. Die Wohnräume im Obergeschoss werden über einen Winkelflur erschlossen. Der größte Raum ist die Wohnstube, sie liegt über Eck. Dahinter ist die Stubenkammer angeordnet. Von der Küche aus, die eine kurze, gemeinsame Wand mit der Stube besitzt, wird der Ofen in der Stube geschürt. Links und rechts des schmalen Stichflures sind die Kammern aufgereiht, an seinem Ende befindet sich der Abtritt. Der große zweigeschossige Dachboden dient zum Aufschütten des Getreides, darin eingebaute Kammern sind für die Kinder oder das Gesinde vorgesehen.

Das Haus aus Elzhausen hat große Ähnlichkeit mit diesen Vorstellungen. Drei Türen führen ins Erdgeschoss mit seinen beiden Ställen, im Obergeschoss liegen die Wohnräume in ähnlicher Anordnung, wie es in dem populären Lehrbuch empfohlen wurde. Was Pfarrer Mayer allerdings in seinem Werk verschweigt, ist, dass dieser Gebäudetypus schon einige Jahrhunderte vorher in unserer Region für die Wohnhäuser auf dem Lande allgemein üblich gewesen war. Er ist keine Neuerfindung des auch als „Gips-Apostel" bekannt gewordenen Kupferzeller Pfarrers. Dieser Haustyp erwies sich schon seit dem Mittelalter als praktisch und nützlich und setzte sich dementsprechend in unserer Region durch. Er hat prinzipiell durch die Stelzung der Wohnräume Ähnlichkeiten mit manchen Arten des Schwarzwaldhauses. Pfarrer Mayer ist der Verdienst zuzurechnen, die besonderen Qualitäten dieses Hausgrundrisses erkannt zu haben und sie als nachahmenswert zu empfehlen, was auch besonders in Hohenlohe um 1800 vielerorts geschehen ist.

Haus- und Baugeschichte

Der heutige Zustand im Museum ist weitgehend eine Rückführung in den Bauzustand von 1794, als dieses Haus in Elzhausen von dem Bauern Georg Heinrich Schuhmacher, dessen Initialen im Türsturz der Eingangstür zusammen mit dem Baudatum ein-

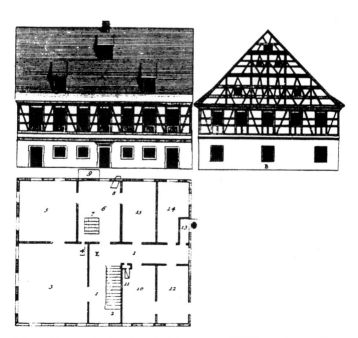

Pfarrer Mayer zeigt in seinem Lehrbuch „ein würklich so erbautes Bauernhaus" mit den Ställen im Erdgeschoss und der Wohnung darüber.

51

*Eine Aufnahme von 1902 zeigt uns die Situation in Elzhausen mit der gro-
ßen Scheune. In der Mitte steht Johann Friedrich Frank, flankiert von den
Töchtern und den Söhnen.*

gemeißelt sind, neu erbaut wurde. Verzierter Sandsteinsockel
und sichtbares Fachwerk im Obergeschoss waren damals beim
Neubau üblich. Die reichlich vorgesehenen großen Fenster ließen Licht und Luft in die Wohnräume. Auf der „schönen" Giebelseite liegen hier die Stube und daneben die großzügig bemesse-

*Grundriss Erdgeschoss (unten) und Obergeschoss (rechts) der Bauauf-
nahme von 1979*

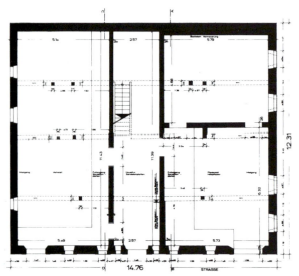

Das leerstehende Haus Frank kurz vor dem Abbau 1979

ne Küche, deren Lage am Gebäudeeck und nicht wie sonst üblich in der Mitte der Längswand eine Besonderheit dieses Hauses ausmacht.

Als 1831 Johann Georg Kuch in die Familie einheiratet und den Hof vermutlich auch gleich danach von seinem Schwiegervater übernimmt – seine Initialen sind am rechten Eckständer nachträglich eingeschnitzt – wird am Haus einiges verändert. Die augenfälligste Neuerung ist das Glockentürmchen, das 1832 auf

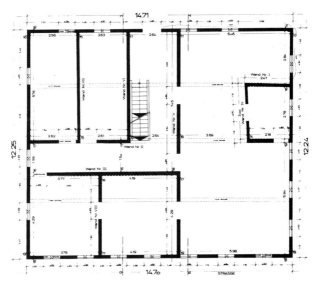

Der gusseiserne Kastenofen aus Wasseralfingen war bis ins 20. Jahrhundert hinein die übliche Stubenheizung.

die obere Bühne gesetzt wurde und etwa drei Meter über den Dachfirst hinausragt. Der untere Teil des Türmchens war beim Abbau noch erhalten, das Türmchen selber wurde schon vor Jahren abgesägt. Die Glocke – eine Bronzeglocke, laut Inschrift in Nürnberg 1832 gegossen, „Zum Andenken gestiftet von Georg Heinrich Schumacher, Bürger zu Elzhausen" – hängt heute wieder im Türmchen. Sie kann wie früher von der von der Küche ab-

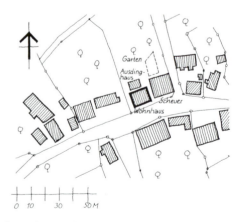

Lageplanausschnitt von Elzhausen nach der Urkarte 1837

geteilten Kammer aus mit dem dort endenden Glockenseil bedient werden. Dieser „Verschlooch" wurde erkennbar nachträglich eingebaut und dürfte im Zusammenhang mit dem Turm 1832 entstanden sein. Die Funktion dieser Kammer ist vermutlich mit dem „Kabinettla" im Fränkischen vergleichbar, einer Abtrennung innerhalb der Wohnstube, wo sich Familienmitglieder zurückziehen konnten. In unserem Haus kann es sich auch um den Essplatz des Bauern gehandelt haben, wenn er nicht mit dem Gesinde zusammensitzen wollte und, vor neidischen Blicken der Mägde und Knechte geschützt, etwas Besseres verzehren konnte. Im Zusammenhang mit diesem Umbau ist vermutlich auch der Abort wegen der größeren Bequemlichkeit ins Haus gelegt worden.

Die nächste bauliche Veränderung ist fällig, als ein Enkel Kuchs, Johann Friedrich Frank, 1881 heiratet und den Hof übernimmt. Am Wohnstock wird kaum etwas umgearbeitet, hauptsächlich der Pferdestall, der rechte Stall im Erdgeschoss, wird jetzt modernisiert. Dessen Eingangstür wird verbreitert und mit einem neuen Gewände versehen, datiert „1884". Von da an bleibt das Haus fast hundert Jahre im Besitz der Familie Frank, die das Haus den jeweiligen Bedürfnissen anpasst. Die Traufseite wird in den dreißiger Jahren verschiefert, nach dem Krieg erhält auch der rückwärtige Giebel, die Wetterseite, eine Verkleidung.

Das Haus im Museum

Da es im Museumsgelände nicht möglich war, die Originalsituation mit dem halb im Hang stehenden Gebäude herzustellen, hat sich die Museumsleitung beim Wiederaufbau entschlossen, die rückwärtige Außentüre ins Erdgeschoss zu verlegen und die Lücke im Obergeschoss mit Fachwerk zu schließen. Da die rück-

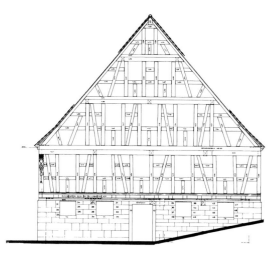

Ansicht des Ostgiebels vor Ort (aus der Bauaufnahme). Der Pferdestall besaß eine seitliche Tür.

*Die Elternschlafkammer ist bemalten Möbeln aus der ersten Hälfte des
19. Jahrhunderts ausgestattet.*

seitige Stallwand und die beiden Giebelseiten des Erdgeschosses als Stützwand vor Ort in Elzhausen stehen bleiben mussten,
war es sowieso notwendig geworden, diese Wände in neuem
Material in rekonstruierter Fassung aufzubauen.

Im Museum ist der linke Stall als Rinderstall genutzt, der nicht nur
nach historischen Vorbildern mit Sandsteintrog, Futtergang,
Mistgang und Urinrinne eingerichtet wurde, sondern auch die
„Museumskühe" beherbergt. Hier werden nach den alten Metho-
den die Tiere versorgt und gepflegt, selbst im Winter bleiben die
Rinder in diesem Stall.

Über eine historischen Vorbildern nachempfundene Treppe erreicht man das Wohngeschoss, das mit Möbeln aus der Blütezeit
des bemalten Mobiliars – erste Hälfte des 19. Jahrhunderts – eingerichtet ist. Als Hersteller in dieser Zeit in unserer Gegend ist
besonders die Schreinerfamilie Rößler aus Untermünkheim bekannt. Aus dem Umkreis der Rößlers stehen einige besonders
prächtige Exemplare in der Stube und in den Kammern.

Die Küche, von der aus der große Kastenofen in der Stube geschürt wurde, nähert sich in ihrer Ausstattung mit dem Sparherd
und den Küchengeräten dem Ende des 19. Jahrhunderts. Die
großen Dachböden enthalten auf der einen Seite die Schüttbö-
den für die Frucht mit ihrer zentnerschweren Last. Auf der anderen Seite sind Räume als Abstellraum und Getreidekammer eingerichtet. Hinter den großen wohnstubenhaften Fenstern im oberen Bühnenraum liegt der Taubenschlag, der früher bei keinem
Bauernhaus fehlen durfte.

Gebäudedaten:

Länge x Breite: 14,70 m x 12,30 m
Abbau: Ende 1979
Bauaufnahme: Städtisches Hochbauamt Schwäbisch Hall
Wiederaufbau: ab 1980, eröffnet seit 1983
Zeitstellung des Gebäudes außen wie innen: um 1830

Literatur:

Berichte zur Aufbauarbeit in den Mitteilungen des Hohenloher Freiland-museums Nr. 1, 1980, Nr. 2, 1981, Nr. 3, 1982

Ulrike Marski, Frauen im Dorf, Kataloge und Begleitbücher des Hohenloher Freilandmuseums, Band 12, 1996

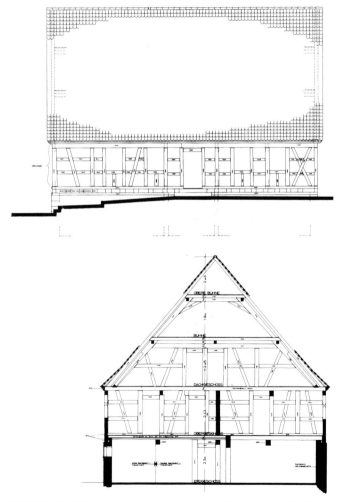

Die Pläne der Bauaufnahme zeigen in etwa den Zustand vor Ort: hintere Längsansicht mit der Tür aus dem Wohngeschoss ins Freie; Querschnitt.

57

3b Stall-Scheune aus Langensall, Stadt Neuenstein, Hohenlohekreis

In Elzhausen gehörte eine zweitennige Scheune zum Wohnhaus, die parallel dazu am Ortsweg stand. Da das Haus so sehr den Beschreibungen des Pfarrer Mayer vom Ende des 18. Jahrhunderts entsprach, war es von Anfang an Ziel der Museumsplanung, ihm eine solche Scheune, wie sie gleichfalls vom Pfarrer Mayer 1773 zu bauen empfohlen wurde, zuzuordnen. Diese Scheune sollte fünfzonig sein, mit zwei Tennen und je einer Abteilung zur Aufbewahrung des Getreides und des Futters. Die dritte Zone sollte entweder als Stall, als Wagenhütte „oder zur Aufbewahrung allerhand Werkzeuge" dienen. Pfarrer Mayer sieht auch den Vorteil, wenn die Tennen auf beiden Seiten Tore haben: einmal können ein Paar Ochsen angespannt ungehindert durchgehen und den Wagen hinten ganz bequem herausschleppen, zum anderen kann man beim Getreide reinigen je nach Windrichtung das vordere oder hintere Tor schließen, damit der Staub besser zurückbleibt. Die für ihn damals übliche Scheune hatte allerdings auf der Rückseite kein vollständiges großes Tor, sondern nur eine Tür so groß wie die in den Stall. Eine dieser Schilderung recht ähnliche Scheune konnte in Langensall entdeckt werden. Sie war seit langem ungenutzt und abgängig.

Baubeschreibung

Durch zwei inschriftliche Datierungen verrät uns das große Gebäude sein Alter: Der Türsturz über der zweiflügeligen Brettertür trägt die

Die Scheune im Zustand vor Ort

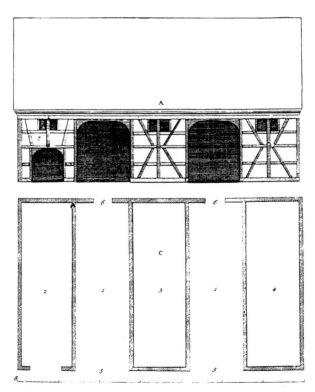

Auch mit der Scheune hat sich Pfarrer Mayer befasst: „Die Scheune selbst bekommt drey Abtheilungen, und zwischen denselben zween Dennen".

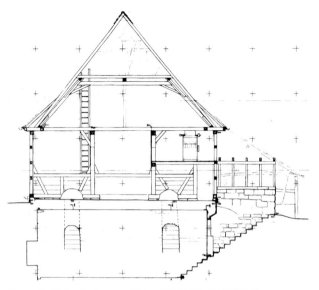

Querschnitt durch den gewölbten Keller (Bauaufnahme)

eingeschnitzte Jahreszahl „1832". Auf eben dieses Baudatum weist auch ein Holztäfelchen am Eckpfosten zum Wohnhaus hin. Die Jahreszahl „1822" über der Stalltür kann bedeuten, dass der gemauerte Stall von einem kurz zuvor errichteten Bau stammt oder aber, dass der Sturzstein eines Vorgängerbaus im Neubau wiederverwendet wurde. Zwar entspricht die Langensaller Scheune in großen Bereichen den Vorstellungen Pfarrer Mayers, aber man spürt doch, dass sich in den sechzig Jahren seit seiner Veröffentlichung auch in der Landwirtschaft einiges verändert hat. Auffallend ist, dass der Stall jetzt voll ausgebildet ist und in keiner Weise als „Notstall" dient, dass die Scheune auch rückseitig die großen Tennentore besitzt und unter dem mittleren Fach einen riesigen Keller für die Aufbewahrung der Kartoffeln und des Mostes erhalten hat. Unter dem rechten Barn ist ein niedriger Schafstall eingebaut. Wie in den Scheunen seit langem üblich und bis in unser Jahrhundert beibehalten, ist nur über den beiden Tennen und dem Stallbereich eine Deckenbalkenlage eingezogen, in die bis in die obere Bühne offenen Barn sind Stroh und Heu raumhoch gestapelt worden. Der niedrige Boden über dem Stall wurde zum Aufschütten des gedroschenen Strohes aber auch zum Stroh schneiden oder ähnlicher Arbeiten genutzt. Im Dachboden darüber scheint später einmal eine Kammer eingerichtet worden zu sein. Ebenfalls eine jüngere Zutat ist der Zwischenboden im mittleren Barn, der eine ortsfeste Dreschmaschine aufnimmt. Die Barn sind von den Tennen schulterhoch durch Bohlenwände abgetrennt. In den tief eingegrabenen Keller gelangt man über die steile Treppe im gewölbten Kellerhals, der weit vor die Scheune springt und mit einem kleinen Satteldach gedeckt ist.

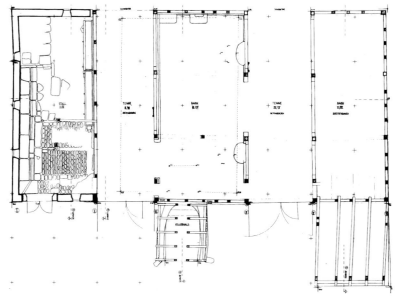

Grundriss der Bauaufnahme

Die Fachwerkaußenwände sind aus Eichenholz, die Balken im Innern aus Fichtenstämmen gebeilt. In die verputzten Gefache war ein Gittermuster aus Wellenlinien und geraden Strichen eingedrückt. Wettergiebel, Stallwände und Keller sind aus sorgfältig behauenem Sandstein gemauert. Das Dach ist mit handgestrichenen Biberschwanzziegeln mit dazwischengeschobenen Schindeln – in sogenannter Einfachdeckung – gedeckt. Seit ihrer Erbauung haben die vielen Besitzer kaum etwas baulich verändern müssen, sie hat als gut durchdachtes ländliches Wirtschaftsgebäude mit den großzügigen Räumen für das Bergen der Ernte, für die Unterbringung von Tieren, Werkzeug und Wagen 150 Jahre lang gute Dienste geleistet.

Gebäudedaten:
Länge x Breite: 22 m x 12 m
Abbau: Herbst 1982, zerlegt in Einzelteile
Bauaufnahme verformungsgerecht im Maßstab 1:25:
Günter Mann, Schorndorf
Wiederaufbau: 1983
Zeitstellung des Gebäudes: Ursprünglicher Zustand von 1832 mit den kleinen Veränderungen um 1900 (Dreschmaschine)

Literatur:

Günter Mann, Doppelscheune Langensall, in: Mitteilungen des Hohenloher Freilandmuseum Nr. 4, 1983

Johann Friedrich Mayer, Lehrbuch für die Land- und Hauswirthe, Nürnberg 1773, Faksimiliedruck Schwäbisch Hall 1980

3c Kleintierstall aus Diebach, Stadt Ingelfingen, Hohenlohekreis

In der historisch überlieferten Einteilung des Wohn-Stall-Hauses aus Elzhausen war im Untergeschoss hinter dem Rinderstall ein kleiner Schweinestall abgeteilt. Da dieser sicher mit dem Umbau 1832 aus dem Haus verdrängt wurde (und diese Zeit wird im Museum hauptsächlich dargestellt), war es notwendig, ein kleines, extra stehendes Schweinestallgebäude zu errichten. Besonders in der zweiten Hälfte des 19. Jahrhunderts waren solche zweigeschossigen Nebengebäude für die Unterbringung der Schweine, Ziegen oder Hühner des Hofes üblich.

Im aus behauenen Sandsteinquadern gemauerten Erdgeschoss sind zwei Schweinekoben eingerichtet, links daneben ein kleiner, plattenbelegter Raum, der als Schaf- oder Ziegenstall gedient haben kann. Die Schweineställe sind charakterisiert durch die in die Außenwand eingelassenen Futtertröge mit den nach oben aufklappbaren Türchen, so dass beim Füttern der Stall selber nicht betreten werden muss. Im oberen Geschoss, in einfachem Riegelwerk errichtet, liegt in der rechten Ecke ein kleiner Hühnerstall, von außen über eine Hühnerleiter erreichbar. Der verbleibende Raum kann zu den unterschiedlichsten Zwecken genutzt werden: als Lager für Backprügel oder für Reisig zum Beispiel, natürlich auch als Futterlager oder manchmal sogar als Werkraum des Altbauern. Das Fachwerkgeschoss kann nur über eine

Leiter erreicht werden, die an einem Asthaken an der Hauswand hängt und bei Bedarf angestellt wird.

Der trapezförmige Grundriss erklärt sich aus der speziellen Lage in Diebach. Hier stand der kleine Stall recht beengt an der Grundstücksgrenze, jeder Platz im Hofraum musste ausgenutzt werden.

Gebäudedaten:
Lange x Breite: 6,60 m x 2,50/2,75 m
Abbau: 1980, zerlegt in Einzelteile
Bauaufnahme im Maßstab 1:50: Hochbauamt der Stadt Schwäbisch Hall, Gerhard Leibl
Wiederaufbau: 1982
Zeitstellung des Gebäudes: um 1880

In Diebach lag der Schweinestall eingezwängt im Hofraum.

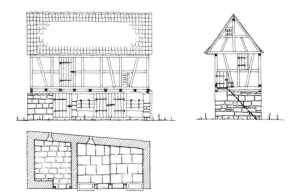

Bauaufnahme des Schweinestalls, Ansichten und Grundriss

3d Ausdinghaus mit Back- und Waschküche aus Morbach, Gem. Grab, Rems-Murr-Kreis

Katasterpläne und Fotos zeigen, dass hinter dem Wohn-Stall-Haus aus Elzhausen ein sogenanntes „Ausdinghaus", ein kleines Wohnhaus für die Alten, die den Hof an einen Nachfolger übergeben haben, bis in die siebziger Jahre stand.

Ein von den Abmessungen ähnliches Ausdinghaus konnte aus Morbach übernommen werden. Obwohl erst 1856 erbaut, ist es von seiner ganzen Konstruktion und dem Grundrissgefüge her eher dem beginnenden 19. Jahrhundert zuzuordnen als seiner zweiten Hälfte. Im Museum richtet sich seine Lage nach der historisch belegten Situation in Elzhausen.

Nicht immer die Regel, wohl eher sogar die Ausnahme, war die Anlage eines eigenen Ausdinghauses in unserer Region. Meist konnte den Eltern, wenn sie den Hof an einen Sohn verkauften, im Wohngebäude selber eine kleine Wohnung mit eigener heizbarer Stube und Küche zur Verfügung gestellt werden. Als Beispiele dafür können im Museum das Weidnerhaus und das Wohn-Stall-Haus aus Schönenberg stehen, die beide im Wohnobergeschoss ein Ausgeding im räumlichen Zusammenhang mit der Hauptwohnung besitzen. Bei der Hofübergabe war die vertragliche Festlegung von Dauerwohnrecht und Versorgung für die ausscheidenden Alten zentraler Punkt in den notariell beglaubigten Kaufakten.

Haus und Besitzergeschichte

Das kleine zweigeschossige Haus hat eine ähnliche Aufteilung wie viele der größeren Hauptgebäude in der Region. Im Erdgeschoss liegen der Stall und sonstige Wirtschaftsräume, das Obergeschoss beherbergt die recht geräumige Altenwohnung. Dieses Haus musste aber für den Hof neben seiner Nutzung als Ausgeding noch weitere Funktionen übernehmen: die Wasch-

Das abgängige Ausdinghaus in Morbach, 1984

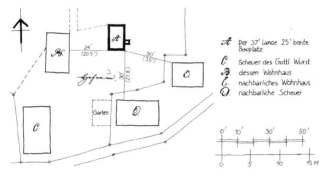

Lageplan, dem Baugesuch von 1856 nachgezeichnet. In Klammern sind die von der Bauschau festgestellten tatsächlichen Abstandsmaße aufgeführt.

Inschrift im Türsturz

und Backküche mit den eingebauten Schweineställen diente allen Bewohnern, nicht nur den Austräglern, zwei Kammern in der Wohnung und im Dachboden waren zeitweise von unverheirateten Angehörigen der Hofbesitzer bewohnt.

Der Erbauer, Gottlieb Wurst, hatte mit den Behörden seine Schwierigkeiten. Das recht verworrene Genehmigungsverfahren konnte vom Museum durch umfangreiches Aktenstudium aufgeklärt werden. Wie vielmals heute noch gern geübte Praxis, ließ der Bauherr das Häuschen sowohl von der Größe, von der Einteilung und von der Lage im Hof her ganz anders erbauen als die eingezeichneten Pläne 1856 aussagten. Die erhaltenen Grundrisspläne zeigen die Bleistiftkorrekturen, die bei einer Visitation von der Bauschau eingetragen wurden. 1859 erfolgte die Bauabnahme.

Nach der Hofübergabe zogen die Altenteiler schon 1858 in ihr „neu erbautes Wohnhaus" ein. Bis 1866 war es bewohnt, danach stand es leer. Als ihr Sohn Andreas Wurst 1892 ebenfalls den Hof weitergab, kam wieder Leben in das Hinterhaus. Vermutlich ließ Andreas Wurst damals die Ausdingwohnung für sich gründlich renovieren und modernisieren, bevor sie wieder nach beinahe dreißig Jahren bezogen werden konnte. Aus dieser Zeit stammen wohl der Sparherd mit einem neuen Kamin in der Küche und neue Fenster auf den beiden „besseren" Seiten. Seit der

Die Baugesuchspläne von 1856 mit den nachträglichen Veränderungen

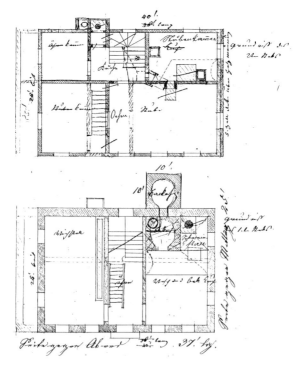

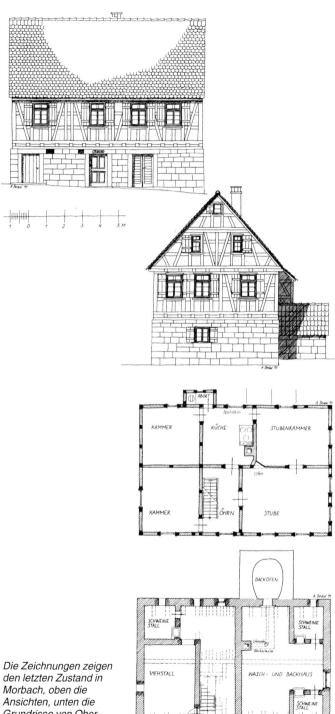

Die Zeichnungen zeigen den letzten Zustand in Morbach, oben die Ansichten, unten die Grundrisse von Ober- und Erdgeschoss.

67

Die Einrichtung der Stube der Altbauern wurde im Museum der Zeit um 1900 nachempfunden.

Jahrhundertwende wieder leer, beziehen im Zweiten Weltkrieg neun französische Kriegsgefangene das „Häusle", danach drei ungarische Flüchtlingsfamilien.

Zur Einrichtung

Bei der Übernahme ins Museum war das seit Jahren leer stehende und als Hühnerstall genutzte Haus recht desolat. Der heutige bauliche Zustand mit engem Zugkamin und den originalen Fenstern mit der Doppelsprosse erlaubt nicht mehr die Rückführung der Ausstattung in die Zeit der Erbauung, vielmehr kann nur versucht werden, die Wohnverhältnisse des Austragbauern Andreas Wurst um 1890 nachzustellen. Dabei dürfen dann natürlich ältere Möbel, sogar einige wertvolle Erbstücke in der Ausdingwohnung stehen, denn die Altenteiler haben sich damals bei ihrem Einzug sicherlich nicht neu eingerichtet.

Beim Abbau wurde auf der Flurwand im Erdgeschoss unterhalb der Schlafkammer ein schwebender Engel unter mehreren Putzschichten entdeckt. Dieser groß gemalte Engel mit Posaune in schwarzer Umrisszeichnung stammt wohl noch aus der Erbauungszeit, er ist nahezu von seiner Gestaltung her identisch mit Engelsdarstellungen auf gedruckten Schutzbriefen oder sogenannten Himmelsbriefen des 19. Jahrhunderts. Eine Deutung als Schutzengel ist wohl am wahrscheinlichsten, wenn man weiß,

Bild eines schwebenden Engels auf der Flurwand direkt unter der Schlaf-kammer

dass in diesem Haus allerlei rätselhafte Dinge vorgekommen sein sollen und nach den Erzählungen der Erben Tiere wie Menschen von seltsamen Krankheiten befallen wurden.

Gebäudedaten:

Abbau: 1984, zerlegt in Einzelteile
Bauaufnahme: Hochbauamt Stadt Schwäbisch Hall, Gerhard Leibl
Farb- und Putzuntersuchung: Ernst Stock, Schwäbisch Hall
Wiederaufbau: 1985-86, eröffnet seit 1986
Zeitstellung des Gebäudes außen wie innen: um 1890

Literatur:

Mitteilungen des Hohenloher Freilandmuseums Nr. 7, 1986 mit folgenden Aufsätzen:

Heinrich Mehl, Das Ausdinghaus Wurst und seine Bedeutung für das Freilandmuseum

Sibylle Frenz/Heinrich Mehl, Rätselhafte Vorkommnisse im Ausdinghaus Morbach

Otto Eckstein, Radiaesthetische Untersuchung des Ausdinghauses Morbach

Sibylle Frenz, Aus der Besitzergeschichte des Hofes Lenz-Wurst-Haag in Morbach mit Liste der Besitzer seit 1761, Kaufvertrag von 1858 und dem Inventar zum Ehevertrag 1858

Zauber und Segen, Kleine Schriften 1 des Freilichtmuseums Neuhausen ob Eck

4a Wohn-Stall-Haus aus Schönenberg, Gemeinde Untermünkheim, Kreis Schwäbisch Hall

Entgegen der landläufigen Meinung, mit der Mitte des 19. Jahrhunderts höre die traditionelle ländliche Bauweise auf und allgemeine, überregionale Stil- und Funktionselemente würden nun auch die Dörfer beeinflussen, steht die Erfahrung unseres Museums mit dem ländlichen Hausbau in der zweiten Jahrhunderthälfte. Als ein bedeutendes Beispiel für in dieser Zeit entstandene Häuser kann das 1887 in Schönenberg erbaute Wohnhaus Härterich gelten, das jetzt im Freilandmuseum steht. Hier schuf die traditionelle Handwerksarbeit der einheimischen Zimmerer und Steinhauer ein repräsentatives Gebäude, das sich von seinem Äußeren her zwar eher mit einer Villa als mit einem Bauernhaus vergleichen lässt, sein inneres Gefüge hält aber noch voll am überlieferten und bewährten Grundrissschema des hier in unserer Region seit Jahrhunderten gebauten Haustyps fest.

Haus- und Besitzergeschichte

Der 48-jährige Bauer Johann Michael Härterich reichte 1886 einen Bauplan zur Erstellung eines neuen Wohnhauses ein. Sein altes, direkt neben dem Neubau stehendes Wohnhaus mit deutlich kleineren Ausmaßen ließ er nach dessen Fertigstellung abreißen. Dieser Johann Härterich (oder auch Herterich geschrieben) muss ein baulustiger Bauer gewesen sein, schon 12 Jahre zuvor, 1874, errichtete er eine große Stallscheune mit 23 m Länge.

Das zweigeschossige Sandsteingebäude ist von der Fassade her streng symmetrisch gegliedert. In der Mitte der Längswand führt das mit einem Giebel geschmückte Eingangsportal in den Querflur, auf dessen rechter Seite Pferde- und Schweinestall, links Knechtskammer, Schafstall und Waschküche angelegt sind. Vom Flur aus gelangt man über die zweiläufige Treppe ins Obergeschoss mit der Wohnung, die immer noch prinzipiell den

Das neu erbaute Haus in einer Aufnahme um 1900, als noch alle drei Erdgeschosstüren gebraucht wurden.

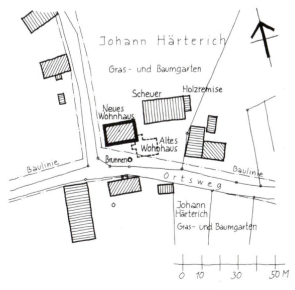

Lageplan, gezeichnet nach dem Baugesuch von 1886

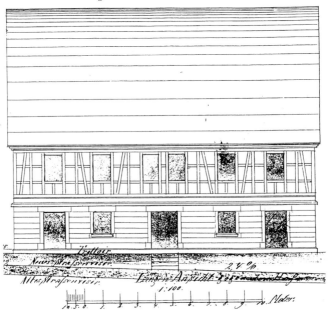

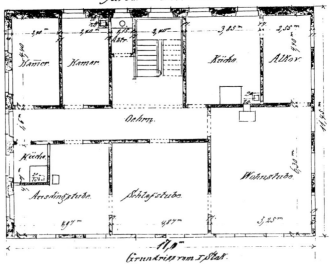

Zwei Zeichnungen aus den Bauakten von 1886: oben die Ansicht mit dem Wohnstock in Fachwerk, unten der Grundriss des Obergeschosses

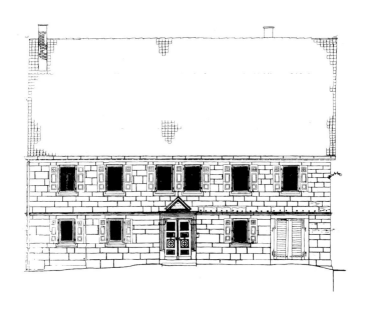

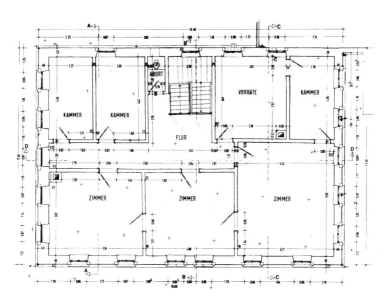

Aus der Bauaufnahme (Original im Maßstab 1:25): oben Straßenansicht, unten Grundriss Obergeschoss

*Mit Beginn des 20. Jahrhunderts erhalten die Kinder auf den Großbau-
ernhöfen zum ersten Mal ihre eigene Kammer, vorne links Kinderbett aus
den 1920er Jahren.*

ähnlichen Zuschnitt hat wie die Häuser hundert oder zweihundert
Jahre zuvor. Geändert hat sich gegenüber den älteren Häusern
von der Anordnung und Aufteilung her wenig – der Kuhstall ist von
vornherein in der Stallscheune untergebracht -, um so mehr wird
an der Fassade die neue Zeit deutlich. Sie wird „modisch" mit den

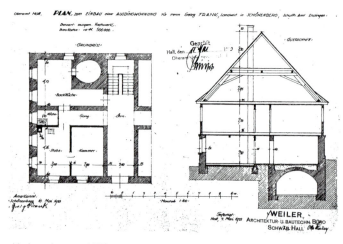

Umbauplan von 1923

damals geschätzten Anklängen an den Klassizismus gestaltet. Wären nicht die (ursprünglich zwei) Stalltüren, man könnte meinen, ein städtisches Wohngebäude mit den strengen Fensterachsen und zurückhaltenden Architekturdetails habe sich aufs Dorf verirrt. Johann Härterich, Vater von drei Kindern, die alle recht jung sterben, verkauft sein Anwesen 1898 an den Bauern Michael Herterich aus Geislingen. Dieser nichtverwandte Michael Herterich vergrößert den Stall in der Scheune und verändert vermutlich daher auch schon den linken Stallraum zu einem Wohnraum. In der Fassade wird die linke äußere Stalltür zu einem Fenster. 1908 lässt er, gerade 54-jährig, das Anwesen auf seine beiden Kinder Michael und Karoline umschreiben. Nach der Heirat Karolines 1916 mit Georg Frank bleibt es in dem Besitz dieser Familie bis zum Abbau 1984. Größere Bauvorhaben sind durch Bauakten für 1925 belegt, als die Knechtskammer und der daneben liegende ehemalige Schafstall zu einer Ausdingwohnung umgebaut werden. Später müssen in diesem Bereich weitere Änderungen durchgeführt worden sein, der Bauzustand von 1983 unterscheidet sich hier stark von dem ursprünglichen Baueingabeplan.

Zur Einrichtung

Beim Wiederaufbau wurde der Grundriss nach dem Bauplan von 1886, der sich auch noch in Bauspuren ablesen ließ, wieder hergestellt. Die vor dem Abbau durchgeführte Farbuntersuchung der Wohnräume ermöglichte auch deren zeittypische farbliche Rekonstruktion. Erstaunlich ist dabei, dass die große Wohnstube farblich immer recht schlicht gestaltet war, wohingegen die

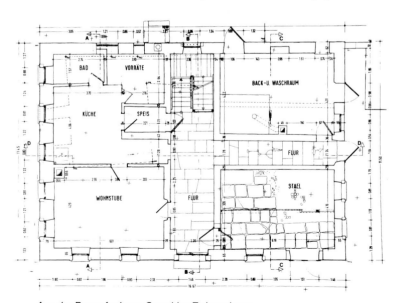

Aus der Bauaufnahme: Grundriss Erdgeschoss

Die Schlafkammer des Bauern ist mit reicher Schablonenmalerei versehen.

Schlafkammer mit üppigem Schablonenwerk aus der Zeit um 1910 bis 1925 ausgestattet wurde. Aber auch in den anderen Räumen konnten qualitätsvolle, wenn auch nicht so aufwendige Schablonenmalereien festgestellt werden.

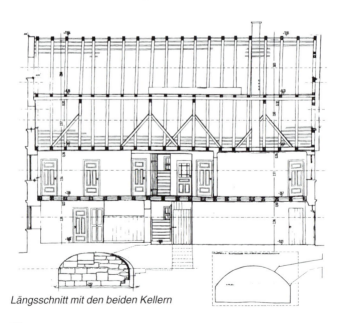

Längsschnitt mit den beiden Kellern

Da diese gestalterisch interessanten Farbfassungen im Zeitraum um 1920 entstanden sind, wurde versucht, die Räume dem damaligen Geschmack entsprechend zu möblieren. Waren damals die Wände zwar recht auffällig gemustert, so hielten sich die Möbel farblich zurück. In dieser Zeit und auch schon vielerorts davor wanderten die bunten „Bauernschränke" auf die Bühne. Jetzt herrschten dunkle, maseriert gestrichene oder sogar teuer furnierte Möbel vor. In der Stube lässt eine bäuerliche Ausstattung von 1920 (Stiftung Familie Thier, Gottwollshausen) die Atmosphäre damaligen Wohnens mit Gläserschrank und Anrichte nachempfinden, im Schlafzimmer stehen die von den letzten Besitzern des Hauses übernommenen Betten und das obligatorische Waschlavoir.

Gebäudedaten:
Länge x Breite: 17 m x 11,45 m
Abbau: 1984, zerlegt in Einzelteile
Bauaufnahme verformungsgerecht im Maßstab 1:25: Architekt Mann, Schorndorf
Farb- und Putzuntersuchung: Ernst Stock, Schwäbisch Hall
Wiederaufbau: 1984/85, eröffnet seit 1986
Zeitstellung des Gebäudes außen wie innen: um 1920

Literatur:
Mitteilungen des Hohenloher Freilandmuseum Nr. 6, 1985 mit folgenden Aufsätzen:
Heinrich Mehl, Das Haus Härterich und seine Bedeutung für das Freilandmuseum
Günter Mann, Das Haus Härterich als Baudenkmal der Gründerzeit
Ernst Stock, Putz- und Farbuntersuchung im Haus Härterich in Schönenberg
Wilhelm Kraft, Zur Translozierung des Hauses Härterich von Schönenberg nach Wackershofen

Das Haus, wie es sich in Schönenberg 1982 präsentierte.

4b Stall-Scheune mit Göpelhaus aus Bühlerzimmern, Gemeinde Braunsbach, Kreis Schwäbisch Hall

Vor Ort besaß das Wohn-Stall-Haus aus Schönenberg eine etwas zurückgesetzte ältere Scheuer. Im Museum hat es eine große Stall-Scheune, die Scheune Rath aus Bühlerzimmern, erhalten, die zur Dorfstraße hin mit dem Wohnhaus und der Schmiedewerkstatt einen offenen Dreiseithof bilden soll. Fünf Jahre jünger als das im Museum dazugehörige Wohnhaus – sie wurde 1892 neu erbaut -, bildet sie mit ihm zusammen ein zeitgleiches Hofensemble, den Bauernhof um 1900.

Zum Gebäude

Die große Stall-Scheune aus Bühlerzimmern hat bemerkenswerte Dimensionen, sie stellt mit ihrer Länge von 37 m die obere Größe von ländlichen Scheunen dar. Hinzu kommt ein quer angefügtes Göpelhaus, das das schon üppige Volumen noch erheblich vergrößert. Durch Bauinschriften und den Bauplan ist ihr Baudatum genau festgelegt: 1892 ließ sich der Bühlerzimmerner „Gutsbesitzer" Georg Dietrich seinem Wohnhaus gegenüber auf der anderen Straßenseite die Scheune bauen. Werkmeister, also der Architekt im heutigen Sinne, war der Haller Oberamtsbaumeister Berner. Bei diesen Gebäuden kann das erste Mal die Verbindung von Stadt- und Landarchitektur nachvollzogen werden, Baumeister Berner hat nicht nur landwirtschaftliche Gebäude und Wohnhäuser geplant, von ihm stammt z. B. auch der Entwurf zum 1898 in Hall neu errichteten, repräsentativen Brenzhaus. Das auffallende Kuriosum, dass sein Baueingabeplan die Scheune spiegelverkehrt darstellt, wird schnell enträtselt, wenn man weiß, dass Berner mehrere derartige Scheunen in gleicher Ausführung

Gegenüber dem Wohnhaus stand in Bühlerzimmern die mächtige Scheune.

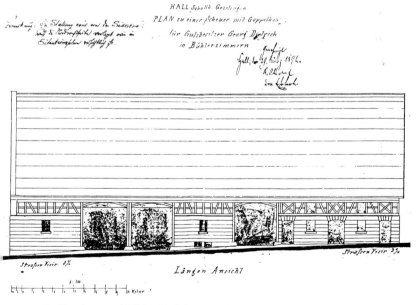

Im Bauplan von 1892 ist die Scheune spiegelverkehrt dargestellt.

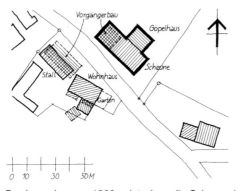

Der Lageplan von 1938 zeigt, dass die Scheune bereits einen Vorgängerbau besaß.

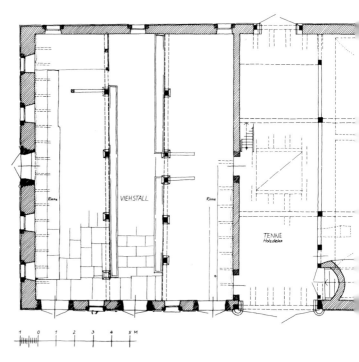

und Größe im Haller Umkreis geplant hat. So wird er aus Vereinfachungsgründen eine schon vorhandene ähnliche Zeichnung verwendet haben.

Die sechszonige Scheune ist in klassischer handwerklicher Manier qualitätsvoll erbaut, die Hölzer sind in alter Tradition gebeilt, die Sandsteine ordentlich behauen, das Dach in der seit alters her bekannten Art der liegenden Stühle mit Kehlbalken aufgerichtet, der Keller mit zugerichteten Hausteinen eingewölbt. Nur im Stallbereich zeigen sich technische Innovationen: Die Stallde-

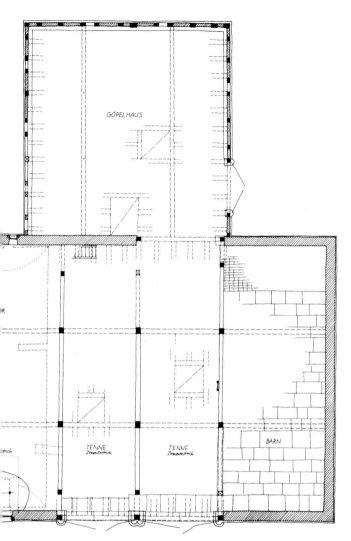

Der Grundriss zeigt die riesige Ausdehnung mit dem doppelten Stall, drei Tennen, zwei Barn und dem Göpelhaus.

cke ist als damals modernes „Preußisches Kappengewölbe" ausgeführt und die freispannende Dachkonstruktion über der massiven Stalldecke kann man schon als ingenieurmäßigen neuzeitlichen Holzbau bezeichnen im Gegensatz zum sonstigen traditionellen Holzgefüge.

Steht man auf der Hofseite, so liegt links der große Viehstall, im Originalplan als „Doppelstall" bezeichnet, da sich zwei Reihen der Rinder gegenüberstehen, getrennt durch den Futtergang. In dem großen Raum fanden 20 Kühe Platz, für die damaligen Ver-

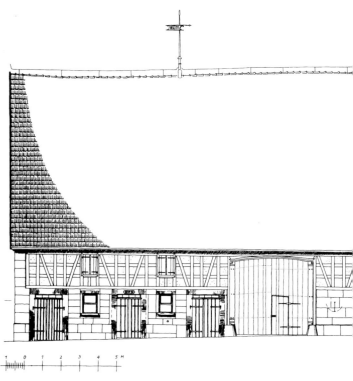

Die Längsansicht (oben) lässt deutlich den Scheunencharakter spüren, die Giebelseite (unten) zeigt dagegen Anklänge an neoklassizistische Architektur.

hältnisse schon eine große Anzahl. Getrennt von einer Tenne mit Dielenbelag, folgt nach rechts der „Heubarn", darunter der gewölbte Keller. Danach schließen zwei Tennen an, wovon die rechte in voller Breite in das Göpelhaus geöffnet ist. Das Gebäude endet auf der rechten Seite mit dem „Fruchtbarn", der einen Steinplattenboden erhalten hat. Nur über den Tennen ist ein Boden eingezogen, in den Barn konnte ohne Zwischendecke bis zur oberen Bühne gestapelt werden. Gedeckt ist das große Dach mit den damals modernen „Doppelmuldenfalzziegeln", der Göpelbau mit einer einfachen Biberschwanzdeckung. Gegenüber der Scheune bei Pfarrer Mayer oder der Langensaller vom Anfang des 19. Jahrhunderts hat sich eigentlich bis auf das Göpelhaus keine funktionale Veränderung ergeben. Stall, Tennen und Barn zeigen die gleiche Anordnung und Nutzung. Nur die Größe hat sich gewaltig gesteigert und als Arbeitshilfe für den Bauern wurde der tierbetriebene Göpel, der „Hafermotor", zum Antrieb von Dreschmaschine, Futterschneider oder Putzmühle eingebaut. Erst später, zu Beginn des 20. Jahrhunderts mit der Stromversorgung, kamen der Heuaufzug und andere kleine Maschinen zum Einbau.

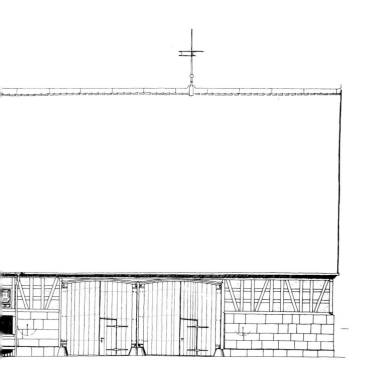

Die ganze Scheune war ursprünglich farbig behandelt, die Fachwerkbalken besaßen einen ockergelben Anstrich, ebenso die großen Tore. Die Fenster des Stalles selber waren weiß gehalten, die Fensterläden und die Lüftungsgitter waren in einem kräftigen grünen Ton angestrichen. Sogar die Putzfelder im Fachwerkbereich waren in eierschalenfarbenem Anstrich leicht abgetönt.

Die Scheune im Museum

In Bühlerzimmern war der große Bau durch die mangelnde Pflege schon leicht baufällig. Besonders im Bereich des Göpelraumes zeigte der Verfall schon deutliche Spuren. Verrostete Stahlträger in der Stalldecke waren schon vor Jahren durch Holzbalken ersetzt worden. Daher mussten beim Wiederaufbau des gerade einhundert Jahre alten Gebäudes einige Bereiche rekonstruiert und erneuert werden.

Die Größe der Scheune und ihre Lage in der Mitte der Baugruppe „Hohenloher Dorf" legten nahe, das Gebäude als Ausstellungs- und Dokumentationszentrum des Hohenloher Freilandmuseums zu verwenden. Dem kam auch entgegen, dass der Stallboden in großen Bereichen vor Ort zerstört war und dass die kräftige Holzkonstruktion durchaus in der Lage ist, in den Bühnen viel Last aufzunehmen. Um im Museum wenigstens einen Raum zu besitzen, der den klimatischen Anforderungen an museale Ausstellungsbe-

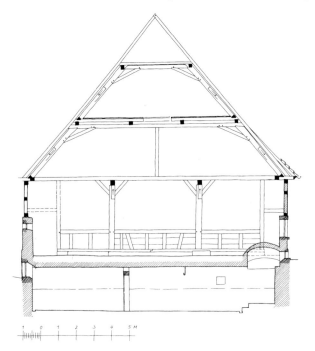

Querschnitt durch den mittleren Barn mit dem darunter liegenden großen gewölbten Keller

Der Göpel konnte wieder rekonstruiert werden mit dem Rundlauf und der Maschinenbühne.

reiche gerecht wird, erhielt der Stall eine Temperierung und dient seither als Raum für Wechselausstellungen. Trotzdem wurde seine Eigenart mit den von den Tieren angenagten Stützen und mit der nach Befund graublau gestrichenen Decke erhalten. Um weitere Flächen im Obergeschoss zu gewinnen, wurden zusätzliche Deckenbalken eingezogen, die sich durch ihr neues, unbehandeltes Holz und durch den modernen Sägeschnitt deutlich von den Originalhölzern abheben. In diesem Sinn sind auch die neuen Treppen, die dem Publikumsverkehr dienen, besonders gestaltet, um nicht mit alten, einfachen Stiegen verwechselt werden zu können.

Das Göpelhaus hat wieder einen richtigen Göpel erhalten. Seine Lage konnte aufgrund des vor Ort gefundenen zentnerschweren Fundamentsteines genau geortet, die frei hängende Maschinenbühne nach Befund und Bauplan sicher rekonstruiert werden. Der Säulengöpel, repariert und gangbar gemacht, stammt aus Ettenhausen bei Bartenstein, der radial angelegte Dielenbelag für den Rundlauf wurde aufgrund mündlicher Hinweise eingebracht. Möglich waren hier früher ebenso Lehmestrich oder ein Pflaster in Kreisform.

Gebäudedaten:
Länge x Breite: 37,40 m x 14,95 m, mit Göpelhaus 22,30
Abbau:1987/88, zerlegt in Einzelteilen
Bauaufnahme: verformungsgerecht im Maßstab 1:50: B. Kollia-Crowell / R. Crowell, Karlsruhe,
Farb- und Putzuntersuchung: Ernst Stock, Schwäbisch Hall
Wiederaufbau:1988- 90, eröffnet Erdgeschoss seit 1991
Zeitstellung des Gebäudes: Erbauungszeit 1892

4c Schmiedewerkstatt aus Großenhub, Gemeinde Fichtenau, Landkreis Schwäbisch Hall

Am Rande der Hofanlage „Bauernhof um 1900" steht ein kleines Werkstattgebäude. Es handelt sich dabei um eine Dorfschmiede vom späten 19. Jahrhundert, die in Großenhub auf dem Gelände des Hofes Hefler stand. Die genaue Bauzeit der kleinen Werkstatt ist nicht bekannt. Aufgrund der Aktenlage muss sie zwischen 1878 und 1883 vom Schmied Karl Ohr aus Wildenstein erbaut worden sein. Da es die einzige Schmiede in der Umgebung war, konnte sich der Schmied über mangelnde Aufträge nicht beklagen. Im Jahr 1900 übernimmt der Sohn Friedrich die Schmiede, der sie bis 1945 betreibt. Danach stillgelegt, wird sie im Laufe der Zeit ausgeräumt und von den späteren Besitzern der Hofstelle als Pferdestall genutzt.

Der in einfachem, konstruktivem Fachwerk errichtete Bau mit dem rückseitig gemauerten Giebel, an den sich Esse und Rauchabzug lehnen, ist durch ein breites, traufseitiges Tor zugänglich. Über eine Außentreppe unter dem weit vorspringenden Dach gelangt man in den als Holz- und Kohlenlager genutzten Boden.

Im Hohenloher Freilandmuseum dient die Werkstatt aus Großenhub als „Vorführschmiede". Dazu musste sie mit allen Einrichtungen für einen funktionsfähigen Betrieb versehen werden, die aus verschiedenen Schmiedewerkstätten zusammengestellt sind.

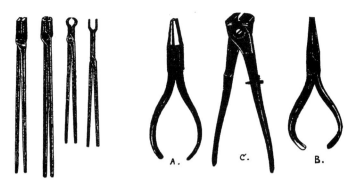

Schmiedezangen aus einem Lehrbuch um 1900

Die verfallene Schmiede in Großenhub

Die Hofsituation vor Ort um 1900

Der Museumsschmied bei der Vorführung

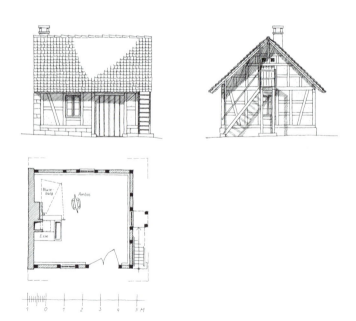

Die Pläne verdeutlichen die Kleinheit der Werkstatt, oben die Längsansicht, daneben die Giebelansicht mit der Außentreppe, darunter der Grundriss des einfachen Gebäudes.

Esse und Blasebalg waren früher einmal in Westgartshausen in der Schmiede Fohrer eingebaut, Amboss und viele Werkzeuge stammen aus der Schmiede Dietrich in Eutendorf, weiteres Gerät aus Feßbach und Tiefenbach.

Da in Großenhub auch Pferde beschlagen wurden, im Innern des kleinen Gebäudes aber kein Platz dafür vorhanden war, wurde im Museum auf dem Vorplatz ein Holzpflaster gesetzt, wie es bei Hufschmieden als Stellplatz für das zu beschlagende Pferd üblich war.

Gebäudedaten:
Länge x Breite: 5,80 m x 5,25 m
Abbau: 1986, zerlegt in Einzelteile
Bauaufnahme im Maßstab 1 :50: Hochbauamt der Stadt Schwäbisch Hall, Gerhard Leibl
Wiederaufbau: 1986
Zeitstellung des Gebäudes: um 1880/1900

Ein Blick in den Dachboden, der zuletzt als Gerümpelkammer diente.

4d Bienenhaus aus Gelbingen, Stadt Schwäbisch Hall

Von einem Anwesen aus Gelbingen gelangte das Bienenhäus-chen ins Museum. Am alten Standort hinter dem Wohnhaus nicht mehr geduldet, sollte es abgebrochen werden. Ich einem Stück wurde das kleine Häuschen nach Wackershofen verfrachtet. Im verbretterten Fachwerkgebäude sind die meisten der originalen, farbigen Bienenkästen erhalten, ebenso das alte Mobiliar und Gerät.

Dieses Bienenhaus dient zur Dokumentation der Imkerei in ei-nem Hof aus der Zeit um 1900. Ein funktionierender Bienenstand ist am Rande des Museumsgeländes (41) eingerichtet worden. Hier werden eigene Bienenvölker gehalten.

Bienenzucht

Am Anfang hat sich der Mensch mit süßem Honig versorgt, in-dem er die Stöcke der in einem Baumstamm lebenden Waldbie-ne geplündert hat. Dabei ist er bemüht gewesen, immer nur so viel zu nehmen, dass das Bienenvolk überleben konnte. Auf der nächsten Stufe hat der Waldimker oder Zeidler die Bienen in aus-gehöhlten Baumstämmen („Klotzbeute") gehalten, die er auf den Boden stellte. Die „Domestikation" der Biene beginnt, als Bienen in Strohkörben oder Stulpen am Haus, geschützt vor Schnee und

Regen, gehalten werden. Diese Art der Bienenzucht ist z. T. noch heute in der Lüneburger Heide üblich.

Beim nächsten Entwicklungsschritt werden Holzkästen gebaut, in die rechteckige Magazine eingelassen sind. Hierin können die Bienen kunstvoll ihre Waben anlegen. Der Vorteil dieser Konstruktion ist, dass der Zugang zu den Waben erleichtert wird, dass jederzeit die Waben eingesehen und dass die Kästen gestapelt werden können. Die Überdachung der Kästen und damit der Bau eines Bienenhäuschens, in dem der Imker bei jeder Witterung arbeiten kann, ist nun kein großer Schritt mehr.

Nachdem die Bienenstöcke in die Nähe der menschlichen Behausung geholt worden waren, finden die Bienen ihre Lebensgrundlage nicht mehr im Wald, sondern im offenen Land bei der reichen Blütenflora der Wiesen und Felder. Hieran ist bereits ablesbar, warum die Bienenzucht in den letzten 100 Jahren, vor allem aber nach dem Zweiten Weltkrieg immer mehr zurückgegangen ist: Im Verlauf der Flurbereinigungen verschwinden immer mehr Ackerraine und damit eine wichtige Nahrungsquelle für diese Bienenhaltung. Mit einem immer stärker werdenden Einsatz der Chemie innerhalb der Landwirtschaft wird dann die Lebensgrundlage der Bienen auf ein Minimum eingeschränkt. Heute wird deshalb größtenteils nur noch Waldimkerei betrieben.

Gebäudedaten:
Länge x Breite: 4,20 m x 2,90 m
Abbau: 1986 in einem Stück
Wiederaufbau: 1986
Zeitstellung des Gebäudes: um 1920

In Gelbingen wurde das Bienenhaus allmählich von Neubauten eingekreist.

5a Wohnhaus mit Werkstätten und
5b Hintergebäude aus Oberrot,
Landkreis Schwäbisch Hall

In dem zweistöckigen Haus aus Oberrot, eigentlich ein Doppelhaus, lebten und arbeiteten über beinahe zwei Jahrhunderte viele Handwerkerfamilien. Seit mehr als hundert Jahren waren es Schmied und Wagner, zwei ländliche Handwerkszweige, die sich in ihrer Arbeit ergänzten. Im Freilandmuseum dokumentieren die Häuser die enge Verflechtung von Arbeit und Wohnen, von Handwerk und Landwirtschaft sowie die Spezialisierung der ländlichen Handwerker in der dörflichen Gemeinschaft. Die beiden Werkstätten liegen direkt unter den Wohnräumen, beide Handwerker besitzen keine gesonderten Werkstattgebäude.

Haus- und Besitzergeschichte

Das heutige Doppelhaus zeichnet sich durch keine baulichen Besonderheiten aus, zwei einfache Türinschriften weisen auf wesentliche Baudaten hin. Über der linken Tür, dem heutigen Zugang zur Schmiede, ist die Jahreszahl „1766" eingemeißelt, das Baujahr des Hauses. Es zeigte damals allerdings einen gänzlich anderen Grundrisszuschnitt als heute im Museum: Im Obergeschoss lag die Wohnung des Erbauers. Es wurde damals in der klassischen Manier des gestelzten Wohn-Stall-Hauses für eine

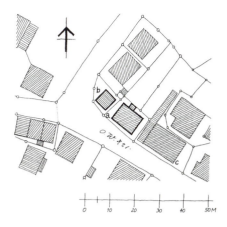

*Lageplanausschnitt aus dem Katasterplan von Oberrot, 1831. a=Wohn-
haus, b=Scheune, c=Gastwirtschaft „Hirsch"*

Familie eingerichtet. Außen war es im Obergeschoss rundherum
fachwerksichtig angelegt. Der Erbauer war der Maurer Johannes
Michael Laubmann, dessen Initialen „IML" sich neben der Jahreszahl „1766" im Türsturz finden. Schon der nächste Besitzer
trennt die Haushälfte sowie die dazugehörige Scheuer ab und
verkauft sie 1794 an seinen Schwager. Die linke Haushälfte erwirbt 1835 der Schmied Georg Kolb aus Sittenhardt. Er baut im
Erdgeschoss seine Werkstatt ein. Kolb hielt dabei Platz für einen
kleinen Stall frei. Für die Bedienung des Backofens, der von allen
Hausbewohnern genutzt wurde, sparte man einen kleinen Vor-

*Der Ortsweg Nr. 1 in Oberrot in einem Foto von ca. 1925 mit dem Hand-
werkerhaus auf der linken Bildseite*

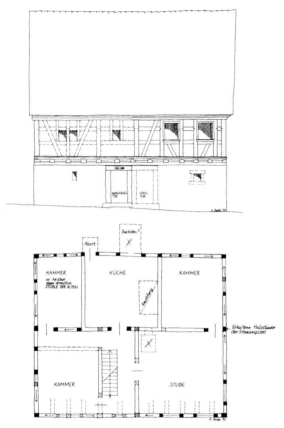

*Rekonstruktion des Zustandes zur Zeit der Erbauung 1766, oben Trauf-
ansicht, unten Grundriss Obergeschoss mit Wohnung*

raum aus. Nachdem Kolb in wirtschaftliche Schwierigkeiten gera-
ten war – bei den damals sieben konkurrierenden Schmieden in
Oberrot nicht allzu verwunderlich – ersteigerte diesen Hausteil
1846 erneut ein Schmied aus dem Hällischen, Jacob Hofmann
aus Westheim. Erst vierzig Jahre später übergibt er Haus und
Werkstatt an seinen Sohn Johann Friedrich. Um nach der Über-
gabe für sich und seine Frau Wohnraum im engen Haus schaffen
zu können, stockte er 1885 seinen Hausteil mit einem Querbau
auf. Die junge Familie zieht in die beim Hausumbau modernisierte Wohnung oberhalb der Schmiede ein (Stube, abgetrennt
durch eine Bretterwand eine Schlafkammer, Flur und Küche), die
beiden Alten leben im Dachgeschoss mit dem ausgebauten
Querbau. Zusätzlich haben noch zwei unverheiratete Geschwister des jungen Schmiedes im Haus ein Wohnrecht.
Auch die rechte Haushälfte erlebt in dieser Phase einen häufigen
Besitzerwechsel. Vier neue Hauseigentümer folgen kurz aufein-
ander in diesem Hausteil, bis ihn 1859 dann erstmals ein Wagner

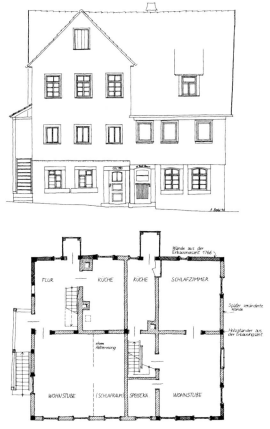

Der Zustand des Hauses zur Zeit der Bauaufnahme 1987: oben die Ansicht der Straßenseite (Darstellung ohne Fensterläden), in der Mitte der Grundriss des Obergeschosses (die vom Ursprungsbau her erhaltenen Bauteile sind gekennzeichnet)

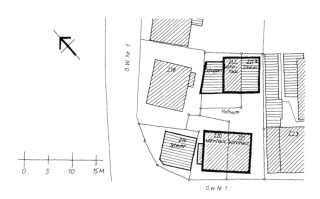

Lageplan der Handwerkerhäuser 1958

Das Hintergebäude, die ehemalige Scheune von 1872, in das 1881 eine Wohnung eingebaut wurde.

erwirbt. Der neue Besitzer, Georg Friedrich Haas aus Mainhardt, richtet sich wie beim Nachbar seine Werkstatt im Erdgeschoss ein. Im Laufe seiner Tätigkeit in Oberrot erwirbt er zu dem anfangs grundbesitzlosen Anwesen 90 ar Äcker und Wiesen hinzu. Als er1867 seine Wagnerei an seinen Sohn Johann Friedrich Haas verkauft, besitzen die Eltern Haas eine Kuh und ein Rind. Unter Johann Friedrich Haas entsteht eine rege Bautätigkeit: für die größer werdende Landwirtschaft des Wagners wird im Hof hinter dem Doppelhaus 1872 eine neue kleine Stall-Scheune gebaut und, wie die Türinschrift im Wagnerhausteil aussagt, das Wohnhaus 1874 umgebaut und renoviert. Aber schon 1881 verkauft er sein Anwesen zum großen Teil an den Wagnermeister Johann Braun. Nur den rechten Teil der neu gebauten Scheune, den Stall mit dem Stallboden darüber, behält Haas für sich. Er baut diesen Bereich um in eine kleine Wohnung für sich und seine Frau. Später wohnte im Hinterhaus in den drei Räumen ein Zimmermann mit seiner Familie. Er soll hier zusammen mit zehn Kindern und seinen Eltern gelebt haben. Um 1900 gehört die Schmiede Johann Hofmann, die Wagnerei seit 1895 Karl Lippoth, einem aus Cleebronn zugezogenen Wagnermeister. Bis zum Abbau des Hauses bleibt es im Besitz dieser Familien. Von den sieben Kindern Hofmanns haben keine Söhne überlebt. So heiratet seine Tochter 1919 den Gottwollshäuser Schmied Adolf Wieland und übernimmt den elterlichen Besitz. Zur Schmiede hat immer die kleine, parallel zum Haus an der Straße stehende

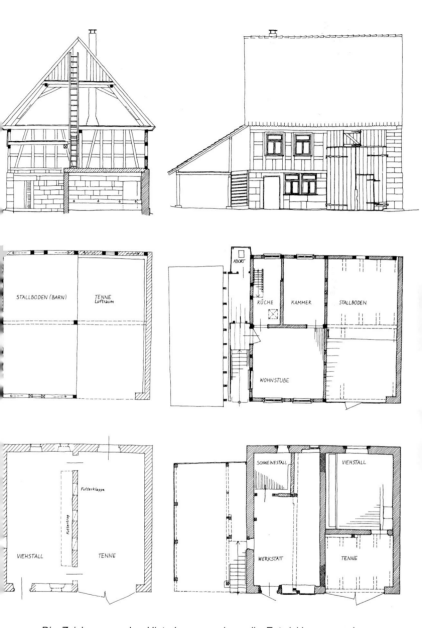

Die Zeichnungen des Hinterhauses zeigen die Entwicklung von einer Scheune zu einem Wohn-Stall-Scheunen-Haus auf: oben Querschnitt durch die Tenne und Traufansicht zur Zeit des Abbaus 1987, darunter die Grundrisse des Obergeschosses (links Rekonstruktion als Scheune, rechts Zustand 1987) und unten die Grundrisse des Erdgeschosses (ebenfalls links Rekonstruktion und rechts Letztzustand).

Die Wagnerwerkstatt im Museum, eingerichtet nach Befragungen und Befunderhebungen

Scheuer gehört. Sie wird 1958 zu einer damals modernen Schmiede- und Schlosserwerkstatt ausgebaut. Später wird der Betrieb in einen Neubau am Ortsrand verlegt. Länger als die Schmiede bleibt die Wagnerei in Betrieb. Beide Söhne von Karl Lippoth lernen das Wagnerhandwerk, bis 1980 wird in der Werkstatt gearbeitet und bis 1987 das Hinterhaus bewohnt.

Die Werkstätten

Die Schmiedewerkstatt, um 1835 eingebaut, hat von ihrer Größe und Anordnung her bis nach dem 2. Weltkrieg den Bedürfnissen des Dorfes Oberrot genügt. Bis zuletzt war der handbetätigte Blasebalg in Betrieb, unterstützt seit den Dreißiger Jahren von einem elektrischen Ventilator, lange Zeit das einzige elektrische Gerät in der Schmiedewerkstatt. Erst nach 1945 wird eine elektrische Bohrmaschine angeschafft, die alte handbetriebene aber nicht aus der Werkstatt verbannt, sondern nach Möglichkeit weiter verwendet. Esse und Amboss haben in diesen Jahrzehnten keine Veränderung erfahren. Ganz anders ging es beim Nachbarn, dem Wagner zu. Zwar wissen wir nicht, wie die Werkstatt des ersten Wagners, Georg Friedrich Haas, ausgesehen hat, die Werkstatteinrichtung um 1930 können wir aber durch Befragung der Nachfahren und durch die Spurensicherung vor Ort nachvollziehen. Sie war wesentlich mechanisierter als die des Schmiedes. Zur Standardausrüstung gehörte die Drehbank, eine Bandsäge, eine Hobelmaschine und eine Bohrmaschine. Sie wurden von einem einzigen Elektromotor über Transmissionswellen und Riemen angetrieben. Über diese Antriebstechnik wird eine automatische Schärfeeinrichtung für die Bandsägeblätter mitbetrieben. Bevor es in Oberrot 1918 elektrischen Strom gab, ist für die Wagnerei in den Akten ein Petroleum-Motor als Antriebsquelle aufgeführt. Beide Werkstätten sind zwischen den beiden Weltkriegen voll in Betrieb. Für die Männer bleibt da nicht viel Zeit für die kleine, aber lebensnotwendige Landwirtschaft. Die Hauptlast müssen hier die Frauen tragen. Der Arbeitstag dauerte in der Werkstatt meist von fünf oder sieben Uhr morgens, bis sieben oder acht Uhr abends. Es wurden Pflüge und Eggen hergestellt und zusammen mit der Wagnerei Lippoth ganze Wagen. Jedoch liegt der Schwerpunkt der Schmiedearbeit schon damals auf der Reparatur landwirtschaftlicher Geräte und Werkzeuge. In der Wagnerei wurden für den örtlichen Bedarf Leiterwagen, Schubkarren, Schlitten, Gabeln, Sensen, Räder, Leitern und Streben für Treppengeländer gebaut sowie manch kleinere Sachen aus Holz für den Haushalt. Für die Oberroter Sägewerke wird der „Sappie" oder „Sappel" produziert, ein langer Stiel mit einem krummen Eisenteil an der Spitze zum Heranziehen und Bewegen von Holzstämmen.

Die beiden direkt nebeneinander liegenden Werkstätten arbeiten also eng miteinander zusammen, so dass sich in den dreißiger Jahren die Schmiede „Hufbeschlag und Wagenbau" nennen kann. Wagner und Schmied können durch dieses Doppelhaus auch im Museum in ihrer gegenseitigen Abhängigkeit dokumentiert werden.

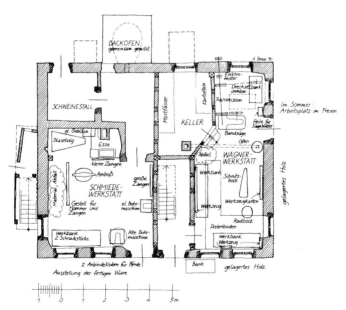

Grundriss des Erdgeschosses mit der Einrichtung der beiden Werkstätten aus der Zeit zwischen 1935 und 1950

Die Wohnung des Wagners konnte im Museum mit einem kompletten Haushalt aus dem Jahre 1927 originalgetreu eingerichtet werden, hier ein Blick in die Schlafstube.

Zur Einrichtung

Als die Häuser dem Museum angeboten wurden, waren sie leer geräumt. Keine der beiden Werkstätten besaß noch wichtiges Inventar. Trotzdem gelang es, sowohl die beiden Werkstätten als auch eine der beiden Wohnungen in den Zustand der dreißiger bis fünfziger Jahre des 20. Jahrhunderts zurückzuversetzen, als in beiden Häusern noch emsig geschafft wurde. Für die Wagnerwohnung konnte eine komplette Einrichtung eines Handwerkerhaushaltes aus Eutendorf erworben werden. Dieser Hausstand wurde 1927 gegründet und nur mit wenigen Veränderungen und Neuerungen, wie z.B. dem Radio, 1989 aufgelöst und dem Museum angeboten. An der Ausstattung wurde nichts verändert; Deckchen, Sofas, Kugelschreiber oder Wandschmuck sind keine erfundenen Details, sondern originalgetreue Stücke aus dem Eutendorfer Haushalt, angepasst an den anders gearteten räumlichen Zuschnitt im Oberroter Haus. Entsprechend der Zeitstellung der Einrichtung wurde auch die Wanddekoration gewählt. Sie ist in beiden Häusern streng nach Befund ausgeführt und zeigt die in den dreißiger Jahren typischen Schablonenmuster mit der gemusterten Abschlusskante an den Wänden. Ebenfalls originalgetreu wurde die karge Elektroausstattung rekonstruiert. Um eine künstlich wirkende Wiederholung dieser lebendigen

Ausstattung zu vermeiden, wurde auf eine Einrichtung in der Schmiedewohnung verzichtet. Heute kann hier bei Vorführungen die Arbeit eines Schuhmachers in seiner typischen Werkstatt bewundert werden. In der original eingerichtete Wagnerwerkstatt arbeitet einmal wöchentlich ein Wagnermeister.

Gebäudedaten:
Länge x Breite (Vorderhaus): 10,60 m x 8,50 m (Hinterhaus): 8,90 m x 8,10 m
Abbau: Herbst 1987, zerlegt in Einzelteile
Bauaufnahme verformungsgetreu im Maßstab 1:25: Göbel und Reinicke, Neumarkt-St. Veit
Farb- und Putzuntersuchung: Ernst Stock, Schwäbisch Hall
Wiederaufbau: 1988-90, eröffnet seit Mai 1990
Zeitstellung des Gebäudes außen und innen: Um 1930 bis 1950

Literatur:
Mitteilungen des Hohenloher Freilandmuseums Nr. 9, 1988, mit folgenden Aufsätzen:
Heinrich Mehl, Die Handwerkerhäuser in Oberrot
Ernst Stock, Aus der restauratorischen Untersuchung an den Handwerkerhäusern Oberrot
Inge Frank, Aus den Bauakten der Handwerkerhäuser Oberrot
Inge Frank, Besitzer der Handwerkerhäuser Oberrot
Albrecht Bedal, Schmied und Wagner unter einem Dach, in: Feuer und Eisen, Ausstellungskatalog Bad Windsheim, 1990
Albrecht Bedal, Das Doppelhaus aus Oberrot, in: Häuser fürs Museum, Biberach 1994

Ein geschmückter Festwagen der Schmiede und Wagner in einer Aufnahme von ca. 1935 vor dem Handwerkerhaus

6a Armenhaus aus Hößlinsülz, Gemeinde Löwenstein, Kreis Heilbronn

Die in Akten und Plänen als „Armenhaus" bezeichneten Gebäu-de waren kommunale Einrichtungen. Die Gemeinden stellten den Ärmsten der Armen, ähnlich wie heute Obdachlosen, ein Haus zur Verfügung, das auf Kosten der Gemeinde gebaut und unterhalten wurde. In „fast allen Orten des Bezirks" findet man „eigene Armenhäuser, welche jedoch großteils mit den Hirten-häusern unter einem Dach stehen". So formuliert es die Ober-amtsbeschreibung Hall 1847. Diese Armen- oder Hirtenhäuser folgten nicht einem einheitlichen Bauschema. Eine solche sozia-le Einrichtung konnte auf einem geeigneten Bauplatz neu errich-tet werden, oder ein vorhandenes, gemeindeeigenes Gebäude wurde umfunktioniert.

Das Hößlinsülzer Armenhaus, das schließlich ins Hohenloher Freilandmuseum wanderte, unterscheidet sich vom Grundriss und von seiner Größe her nicht oder kaum von den privaten Wohnhäusern der unteren sozialen Schichten. Man kann es als „Taschenausgabe" der eingeschossigen Bauernhäuser in unse-rer Region bezeichnen: der mittig liegende Eingang mit Treppe ins Obergeschoss teilt das Haus in zwei Hälften, rechts sind die Wohnstube und eine Schlafkammer, hinter dem Flur die Küche mit Abtritt und auf der linken Seite zwei Kammern angeordnet. Es hat sich im Einzugsgebiet des Freilandmuseums kein besonderer Bautyp als Armenhaus herausgebildet. Man vertraute auch hier dem klassischen, bewährten Grundrissschema.

Baugeschichte

Durch die bei kommunalen Bauten im Regelfall gut belegte Baugeschichte konnte die Entwicklung des Hößlinsülzer Armenhauses bis zum Jahr der Erbauung zurückverfolgt werden. Demnach hat die Gemeinde 1744 ein älteres Haus im Nachbarort Wills-

Das Armenhaus kurz vor dem Abbau

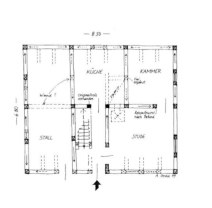

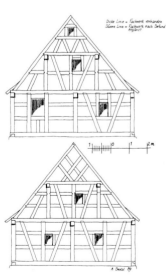

Rekonstruktionszeichnung vom Erbauungszustand 1744, Ansicht der beiden Giebel und Grundriss des Erdgeschosses

bach aufgekauft und in Hößlinsülz als Hirtenhaus wieder aufgebaut. Dieser aus den Akten zu entnehmenden „ersten Translozierung" widerspricht der Baubefund: Der Rückgiebel ist eindeutig 1744 aus dafür frisch geschlagenem Holz extra für dieses Haus abgebunden. Alle anderen Hölzer, ob neu oder gebraucht, sind für dieses Haus zugerichtet worden. Es wird sich also hier so, wie an vielen anderen Orten auch, zugetragen haben: um Geld zu sparen, wurden alte Hölzer aus einem Abbruchhaus übernommen und für das neue Haus entsprechend bearbeitet und wieder eingebaut.

Viele Reparaturarbeiten sind in den Gemeindeakten belegt, bis 1832/33 die rückwärtige Erdgeschosswand, die bis dahin als Fachwerkwand bestand, aus Natursteinen massiv erneuert wurde. 1858/59 wurde dann die straßenseitige Fachwerkwand, um den drohenden Einsturz zu vermeiden, ebenfalls durch eine steinerne Mauer ersetzt. 1901 wird die Dachrinne angebaut und der Abtritt aus der Küche genommen und in dem kleinen Anbau untergebracht. 1912 wird das Armenhaus an die Wasserleitung angeschlossen, erst 1936 erhält es als „HJ-Heim" Stromanschluss. Seit 1984 leerstehend und seit Jahren kaum mehr gepflegt, verfällt das Haus immer mehr. Auf Beschluss der Gemeinde sollte es abgebrochen werden.

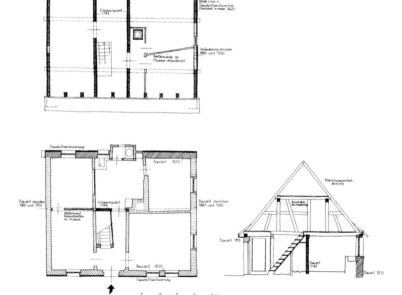

Letzter Zustand vor Ort, in die Grundrisse (oben Dachgeschoss, unten Erdgeschoss) sind auch die Bauphasen eingetragen.

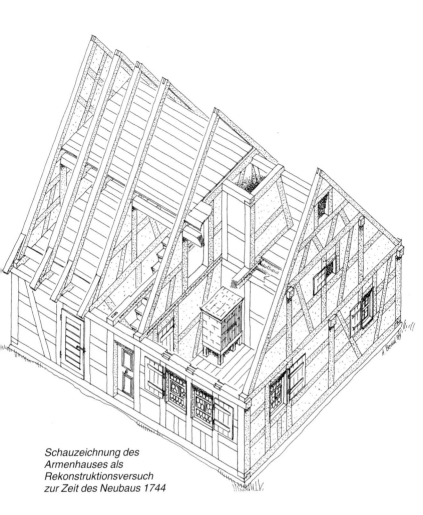

*Schauzeichnung des
Armenhauses als
Rekonstruktionsversuch
zur Zeit des Neubaus 1744*

Bewohner

Das heute als Armenhaus der Gemeinde bezeichnete Gebäude
wurde als „Hirtenhaus" errichtet. Der jeweilige Dorfhirte bewohnte
es unentgeltlich. Er musste dafür „wieder kommende armen Leu-
the über Nacht" beherbergen. Ab 1821 wurde es vermietet. Zuerst
lebten noch die Hirten darin, allmählich zogen immer mehr Taglöhner mit ihren Familien ein, die anderswo keine Unterkunft finden
konnten. Dazu kamen Ledige und Mittellose in das Haus. Um 1890
wohnten in der rechten Stube die Familie Kübler mit 5 Kindern und
in der dazugehörigen Stubenkammer der kranke Adam Müller. Die
Nebenstube, also die linke Stube, bewohnte die Familie Hofmann
mit 2 Kindern. In der kleinen Kammer dahinter lebte die geistes-
kranke Philippine Knörzer. Die Dachkammern wurden von den Familien mitbenutzt und manchmal untervermietet.
Ab 1930 war nur noch ein Teil des Armenhauses bewohnt. Von
1936 bis Kriegsende war in der rechten Stube, dem größten

Eng und vollgestellt ist die Schlafkammer neben der Küche, sie doku-
mentiert die Nachkriegszeit im Armenhaus, als hier eine Flüchtlingsfami-
lie wohnte.

Raum des Hauses, das örtliche Hitlerjugendheim untergebracht.
Im linken Hausteil wohnte während des Krieges eine russische
Frau mit zwei Kindern.
Nach dem Krieg kam wieder neues Leben in das jetzt als „Gemein-
dehaus" bezeichnete Gebäude. Eine Flüchtlingsfamilie aus Bess-
arabien belegte das Haus mit 11 Personen von 1946 bis 1954. Danach wollte die Gemeinde das Haus nicht mehr vermieten, weil Küche und Abort kaum noch zu benutzen waren. Eine Familie aus
Hößlinsülz erklärte sich bereit, das Häuschen gegen Mieterlass zu
richten; der Gemeinderat hatte nichts dagegen einzuwenden. So
wohnte noch einmal ein Ehepaar mit sieben Kindern in dem Haus.
Nach dem Tod der Frau 1970 zog die Familie allmählich aus, bis
als letzter Bewohner der kranke Vater 1984 das Haus verließ.

Zur Einrichtung

Das bei der Übernahme ins Hohenloher Freilandmuseum leer
stehende Gebäude ist durch die Versetzungsmethode in ganzen
Teilen in der letzten Zustandsphase ins Museum gelangt. Es lag
daher auf der Hand, nicht unbedingt ältere Zustände im Inneren
zu zeigen, sondern sich hauptsächlich auf die Zeit zwischen
1900 und 1950 zu beschränken, die am Gebäude selbst noch ablesbar ist. So kam man überein, in diesem Haus nicht eine Zeit-

stellung allein zu dokumentieren, sondern Einrichtungen verschiedener Epochen nebeneinander zu präsentieren. In der linken Haushälfte ist die Situation einer vielköpfigen Taglöhnerfamilie nachempfunden, die hier in der Zeit vor dem Ersten Weltkrieg gelebt hat. In der nur durch eine Bretterwand abgeteilten Kammer ist mit sparsamen Mitteln versucht worden, die ärmlichen und primitiven Verhältnisse einer alleinstehenden, kränklichen, alten Frau darzustellen. Die Wohnung im rechten Hausteil zeigt die Wohnumstände einer Flüchtlingsfamilie nach dem Zweiten Weltkrieg mit den zeittypischen Vorhängen und den Rollenmustern an den Wänden. Gebrauchte Möbel sollen dokumentieren, dass die Flüchtlinge auf Spenden für ihre Einrichtung angewiesen waren. Die Wäschestange in der Schlafkammer, die mit dem Haus ins Museum kam, ist ein zweckentfremdeter Dachständer eines Lloyd-PKW der Fünfziger Jahre.

Auch die Dachkammern sind eingerichtet, allerdings wegen der engen, dunklen und damit für die Besucher gefährlichen Verhältnisse nicht zugänglich. Über dem Stubenteil am Vordergiebel ist die Einrichtung der ledigen Rosine Hofmann dargestellt, die hier um 1870 lebte und acht uneheliche Kinder zur Welt brachte. Im daneben aufgebauten Verschlag hauste ihr Bruder. Der Dachboden über dem rückwärtigen Teil soll die erste Zeit des damaligen Hirtenhauses andeuten, als Obdachlose und Bettler hier auf einem einfachen Strohlager Unterschlupf für eine Nacht finden konnten.

Gebäudedaten:
Länge x Breite: 8,50 x 6,90 m
Abbau: Winter 1987/88, Translozierung des Dachstuhles einschließlich der Geschossdecke und der beiden Längswände in einem Stück, sonst zerlegt in Einzelteile
Bauaufnahme verformungsgetreu: Göbel/Reinecke, Neumarkt-St. Veit, im Maßstab 1:25
Farb- und Putzuntersuchung: Ernst Stock, Schwäbisch Hall
Dendrochronologische Untersuchung: Lohrum/Bleyer, Ettenheimmünster
Wiederaufbau: 1988, Eröffnung am 8. 9.1988
Zeitstellung des Gebäudes außen wie innen: um 1950 (mit Ausnahme der linken Kammern).

Literatur:

Armenpflege in Württembergs Vergangenheit – Das Hirten- und Armenhaus in Hößlinsülz, Kataloge und Begleitbücher des Hohenloher Freilandmuseum Nr. 6, Schwäbisch Hall 1989, mit folgenden Aufsätzen zum Haus selber:
Heinrich Mehl, Ein Armenhaus wird ins Museum versetzt
Albrecht Bedal, Das Armenhaus Hößlinsülz als Baudenkmal
Sibylle Frenz, Die Baumaßnahmen am Armenhaus 1744-1960
Sibylle Frenz, Die Bewohner des Armenhauses Hößlinsülz
Nina Gorgus / Christiane Klinke, Zur Einrichtung des Armenhauses Hößlinsülz im Freilandmuseum

6b Backofen aus Gschlachtenbretzingen, Gemeinde Michelbach, Landkreis Schwäbisch Hall

Nach der zugänglichen Quellenlage gehörte zum Hößlinsülzer Armenhaus ein frei stehendes Backhäuschen. In Hößlinsülz selbst nicht mehr erhalten, entdeckten Mitarbeiter des Museums im Hinterhof eines Gschlachtenbretzinger Anwesens einen allein stehenden Backofen, der ohne Witterungsschutz von außen zu schüren war. Dieser nicht sehr komfortable Backofen, der von 1891 stammen soll, passt in seiner einfachen Art zum Armenhaus.

Durch seinen speziellen Aufbau – das Mauerwerk mit dem Backofengewölbe steht auf einem hölzernen Schwellenkranz – war es möglich, den Gschlachtenbretzinger Backofen in einem Stück originalerhalten ins Museum zu bringen. Es ist damit der bisher einzige nicht neu aufgemauerte Backofen im Hohenloher Freilandmuseum und wird daher verständlicherweise nicht zum Backen von Brot oder „Blooz" verwendet.

Abtransport des verpackten Backofens mit dem Autokran aus der beengten Hofstelle

Gebäudedaten:
Länge x Breite: 2,70 m x 2,50 m
Abbau: 1988 in einem Stück
Wiederaufbau: 1988
Zeitstellung des Gebäudes: um 1900

6c Taglöhnerhaus aus Hohenstraßen, Gemeinde Mainhardt, Kreis Schwäbisch Hall

Taglöhner standen auf der unteren Sprosse der sozialen Stufenleiter. Als Grundbesitzlose waren sie allein auf ihre Arbeitskraft angewiesen. Sie verdingten sich tageweise als Helfer auf den Höfen und versuchten den kärglichen Lohn mit Flick- und Reparaturarbeiten aufzubessern, oder sie wanderten als Hausierer über die Dörfer. In Zeiten von Wirtschaftskrisen und Hungersnöten waren sie die ersten, die durch ihre Abhängigkeit von ihrem Arbeitsverdienst in Not gerieten. Weil man seine Unterkunft nicht mehr bezahlen konnte, war der Weg für ganze Familien ins Armenhaus dann nicht mehr weit.

Wenn sich ein Taglöhner ein kleines Häuschen selbst bauen konnte, war er froh, überhaupt ein Baugrundstück erwerben zu können. Landwirtschaftliche Flächen, geschweige denn das dazugehörige Gerät, konnte er sich nur im kleinsten Umfang leisten.

Haus- und Besitzergeschichte

Das vom Museum als „Taglöhnerhaus" bezeichnete kleine Gebäude wurde um 1825 von dem Seldner und „Samenhändler" Friedrich Huber erbaut. Ob es gleich als Wohnhaus für eine Familie oder nur als Ausdinghaus, also als Wohnhaus für die Alten des nebenan liegenden Seldnerhauses gedacht war, geht aus den Akten nicht hervor.

Der einfache Grundriss mit Flur, Küche und Stube (die sicherlich anfänglich durch einen „Verschlooch", einer dünnen Bretterwand, in Höhe des Unterzugs noch einmal getrennt war) lässt eher ein kleines Austraghäuschen vermuten als einen geplanten Neubau für eine vielköpfige Familie. Als Friedrich Huber 1831 starb, hinterließ er seiner Witwe Katharina elf Kinder. Katharina Huber verkaufte das Häuschen mit seinem kleinen Garten mit einer Grundstücksgröße von insgesamt 63 m? 1844 an ihre fünfundzwanzigjährige Tochter Katharine Magdalena und deren Bräutigam Friedrich Rückert. Dabei ist „der Verkäuferin Sitz und Aufenthalt im Hause und in der Stube bei kalt und warm zu ge-

Das Taglöhnerhaus in einer Aufnahme aus den 1970er Jahren, als es noch bewohnt war.

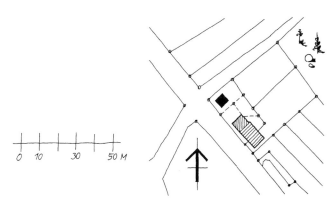

Lageplanausschnitt von Hohenstraßen von 1827

111

Im Museum ist die Stube nach Inventarakten von 1876 als Wohnung und Schuhmacherwerkstätte eingerichtet.

statten". Ihr wird zur alleinigen Nutzung die kleine Stubenkammer, der heutige hintere Teil der Stube, überlassen. Mit dem Kauf erwerben die Kinder einige wenige Hausratsgegenstände, 1 Ziege, Heu und den vorhandenen Dung mit. Die Kinder der Witwe hatten freien Zugang ins Haus und bekamen das Recht zugesprochen, wenn sie krank oder arbeitslos waren, im Dachboden zu wohnen. Das jüngste Kind musste von den Käufern bis zum 14. Lebensjahr versorgt werden.

Über die Wohn- und Lebensverhältnisse der Rückerts ist wenig bekannt. Nach dem Tod der Witwe Katharine Magdalene Rückert 1878 wird deren Besitz versteigert. Ihn erwirbt der Flickschuster Friedrich Scheu aus Hohenstraßen (1852–1912) für 600 Mark einschließlich eines ca. 100 m? großen Gemüsegartens. Das Beibringensinventar der Eheleute Scheu von 1876 listet die wenigen Habseligkeiten der Ehepartner auf: der Ehemann brachte neben wenig Bargeld nur einen Koffer, ein Gesangbuch, Kleider und Handwerkszeug mit. Die Aussteuer der Heinrike Scheu umfasste Kleider, Bettwäsche, etwas Küchengeschirr, einen Kleiderkasten, eine Kommode, einen Tisch und zwei Stühle, eine Bettlade und einen Schemel.

In diesem kleinen Wohnhaus kamen bis 1895 neun Kinder zur Welt, hinzu sind zwei Kinder zu rechnen, die Heinrike mit in die Ehe brachte. In dieser häuslichen Enge ging der Vater zusätzlich noch seiner Arbeit als Flickschuster nach.

Um diesen beengten Verhältnissen mit seiner vielköpfigen Familie zu entgehen, tauschte Friedrich Scheu das Häuschen gegen ein größeres Objekt ein. Damit kam es 1891 in den Besitz des Affaltracher Handelsmannes Isak Kaufmann, der es 1896 mit dem Garten zusammen an den Hohenstraßener Bürger Friedrich Pfitzenmaier (1854–1932) für 425 Mark verkaufte. Pfitzenmaier war Schirmmacher und fahrender Händler. Er war mit Anna Lämmerer, einer Schuhmacherstochter aus Unterdeufstetten, einem bekannten

Bei diesem kleinen Haus gelang es dem Hohenloher Freilandmuseum das erste Mal, ein Gebäude unzerlegt in einem Stück ins Museum zu transportieren.

So fanden die Mitarbeiter des Museums die Stube vor, als sie das Haus entdeckten.

Maßstäbliche Zeichnungen des Taglöhnerhäuschens vom Zustand im Museum, oben Ansichten, unten Grundriss

Hausiererort, verheiratet. Vor dem Hauskauf muss die Familie häufig wegen der Hausierertätigkeit unterwegs gewesen sein. Von den zehn Kindern erblickten drei auf der Durchreise in Gasthäusern das Licht der Welt, zwei starben unterwegs. Ihr jüngstes Kind, ebenfalls Friedrich genannt, im Ort „Fritzle" gerufen, erbte das Haus nach dem Tod des Vaters. Fritz Pfitzenmaier (1896–1981) ernährte sich mehr schlecht als recht als Gelegenheitskorbflechter und übernahm Flick- und Reparaturarbeiten im Ort. Wegen seines Buckels und seiner Wesensart galt er bei den Nachbarn als Sonderling. Er blieb Junggeselle und lebte, nachdem seine Geschwister schon früh ausgezogen waren, bis an sein Lebensende allein in dem kleinen Häuschen. Immerhin hatte das Haus in den zwanziger Jahren elektrischen Strom erhalten, in der Gebäudeschätzung von 1930 werden zwei elektrische Glühlampen samt Leitung und Sicherung aufgeführt.

Das Taglöhnerhaus im Museum

Bei dem kleinen Gebäude mit einer Länge von 5,70 m und einer Breite von 5,40 m konnte das erste Mal der Versuch unternommen

Der letzte Bewohner,
Fritz Pfitzenmaier

werden, ein ganzes Wohnhaus in einem Stück, unzerlegt ins Museum zu transportieren. Der Erfolg ist den daran beteiligten Spezialfirmen und der erfahrenen Mannschaft des Museums zu verdanken. Bis auf den neuen Fußboden präsentiert sich das Häuschen im Museum deshalb genauso, wie es zuletzt in Hohenstraßen vorgefunden wurde: alle Elektroleitungen, egal ob alt oder jung, alle Putz- und Malschichten mit ihren vielen Gebrauchsspuren auf den Wänden, der Ruß in der Küche, sogar die relativ jungen Fenster, kaum älter als 20 Jahre, blieben unverändert erhalten. Durch diese ganzheitliche Translozierungstechnik konnte die einmalige Atmosphäre des kleinen Hauses bewahrt werden.

Da das Gebäude bei der Übernahme durch das Hohenloher Freilandmuseum schon ausgeräumt war, mussten Möbel aus dem Fundus zu einer neuen Einheit zusammengestellt werden. Die jetzt gezeigte Einrichtung des Taglöhnerhauses geht auf die Jahre um 1880 ein, als die Familie des Flickschusters Scheu hier wohnte. Möbel und Gerät wurden entsprechend der überlieferten Aussteuerliste von 1876 ausgesucht. Somit ist die Gebäudehülle mit ihren jüngeren Zutaten wie Stromleitungen, Gardinenschienen und der Wanddekoration nicht mit der Zeit des dargestellten Inventars identisch.

Gebäudedaten:
Länge x Breite: 5,70m x 5,40 m
Abbau: Oktober 1988, Translozierung des Hauses, außer dem kleinen Keller, in einem Stück
Bauaufnahme nachträglich im Museum im Sommer 1990 im Maßstab 1:25: verformungsgetreu von Praktikanten unter Anleitung des Museums erstellt
Dendrochronologische Untersuchung ohne auswertbares Ergebnis
Wiederaufbau: Winter 1988/89, zugänglich seit der Saison 1989
Zeitstellung des Gebäudes: im letzten Zustand von etwa 1960, Einrichtung um 1880

7a Seldnerhaus aus Schwarzenweiler, Stadt Forchtenberg, Hohenlohekreis

Neben den Höfen der großen Bauern gab es in jedem Dorf eine Reihe unterschiedlicher „Kleinbauernanwesen". Schon vor zweihundert Jahren war in den Dörfern eine sehr differenzierte und arbeitsteilige Bevölkerung herausgebildet. Handwerker spezialisierten sich und boten ihre Dienstleistung den ganz auf Ackerbau und Viehzucht eingestellten Vollbauern zu deren Arbeitserleichterung an. Kleinbauern stellten ihre Arbeitskraft den Großbauern zur Verfügung und verdingten sich bei ihnen oder bei der Herrschaft für vielerlei Arbeiten im Jahreslauf. Seldner, Köbler, Beisassen oder Taglöhner heißen diese ärmeren Landbewohner. Seldner sind dabei jene Dörfler, die zwar noch das Glück hatten, ein eigenes Haus mit einem kleinen Stück Land zu besitzen, aber weder allein von der Landwirtschaft noch von ihrer „Fremdarbeit" oder einem Handwerk leben konnten. Gerade im Zeitraum der Allmendauflösung oder der Aufteilung von herrschaftlichem Grund und Boden gegen Ende des 18. Jahrhunderts nahmen viele bis dahin besitzlose „Beisassen", also Mieter im heutigen Sinn, die Chance war, sich am Ortsrand oder manchmal sogar zwischen den Gütern einkaufen zu können und sich ein eigenes Häuschen zu bauen. Das Seldnerhaus aus Schwarzenweiler hat vermutlich genau einem solchen Umstand seine Entstehung zu verdanken.

Besitzergeschichte

Schwarzenweiler war ursprünglich als Schäferei der Fürsten Hohenlohe-Öhringen ein großer Einzelhof im geschlossenen Viereck. 1777–78 wurde der herrschaftliche Schafhof aufgeteilt und an Kaufwillige vergeben. Am 20. Mai 1778 erwirbt aus dieser

Auch vom Seldnerhaus hat sich aus den Jahren um 1925 ein Foto erhalten, rechts die vorletzte Bewohnerin Marie Carle mit ihrer Enkelin.

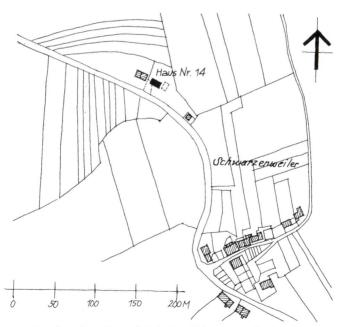

Lageplan des ehemaligen Schafhofes Schwarzenweiler um 1830 mit dem weit außerhalb stehenden Seldnerhaus (Nr. 14)

Die Rückseite des Seldnerhauses mit ihren Anbauten wirkt recht malerisch.

Masse ein 32-jähriger Weber „einen Plaz hinterm Garten an der Landstraße worauf Käufer eine Wohnung zu bauen gedenkt. Käufer ist Georg Friedrich Kitterer von Wohlmuthausen" (Particulararchiv Öhringen). Dabei dürfte es sich um den Platz unseres Seldnerhauses gehandelt haben. Als er 1811 stirbt, wird ein Nachlassinventar erstellt, das interessante Einblicke in das Besitztum eines solchen Kleinbauern und Webers ermöglicht. Die aus seiner zweiten Ehe stammende, 1787 schon in Schwarzenweiler geborene Maria Magdalena, war eines von zwei überlebenden acht Kindern aus dieser Verbindung. Sie heiratete Michael Kraft, der das Anwesen von ihrer Mutter kaufte. Er wird in Akten als „Söldner" bezeichnet sowie das Anwesen als „Seltners Gut".

In neuen Besitz gerät das Haus 1830, als es Johann Friedrich Wied, „Söldner und Amtsbote" aus Wohlmuthausen, erwirbt. 1855 überschreibt er es seinem Sohn Christian, einem Schuhmacher. Der Vater behält sich allerdings ein lebenslängliches Wohnrecht im Haus vor. Nach dem frühen Tod seiner Frau verkauft Christian alles an seine Schwester Magdalena, die 1862 den Söldner Johann Georg Hettenbach heiratet, den Sohn eines Bauern. Als Hettenbach 1894 stirbt, kommt das Söldnergut über Zwischenkäufer an Albrecht Carle, Sohn eines Bauern in Schwarzenweiler. Hettenbach besaß zuletzt immerhin fast zwei

Hektar Acker und vierzig Ar Wiese für seine kleine Landwirtschaft mit zwei Kühen. Carle erwarb davon nur noch eine Ackerfläche von 27 ar und Grünland mit 26 ar. Als Arbeiter außerhalb Schwarzenweilers in Metzdorf und im Steinbruch bei Forchten-

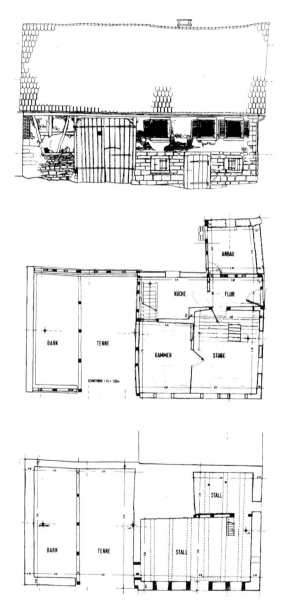

Die Zeichnungen der Bauaufnahme zeigen die Bescheidenheit des Hauses; Wohnung, Stall und Scheuer haben nur die unbedingt nötigen Ausmaße: oben die Straßenansicht, darunter Grundrisse von Obergeschoss und Erdgeschoss.

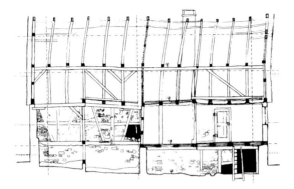

Längsschnitt der Bauaufnahme

berg war er nicht mehr so von der eigenen Landwirtschaft abhängig wie die Besitzer vor ihm. Seine Frau Marie, die ihm sieben Kinder geboren hat, überlebte ihn um zehn Jahre, sie starb 1957. Ihre zweite Tochter Katharina lebte schon lange vorher mit ihrer Mutter im Haus, das sie selber bis zu ihrem Tode 1966 bewohnte. Seitdem stand das Haus leer und war über Jahre hinweg dem Verfall preisgegeben.

Zum Haus selber

Das kleine Gebäude mit einer Grundfläche von nicht mehr als 90 m² war zuletzt ein sogenanntes Einhaus. Unter einem gemeinsa-

Beim Abbau im Januar 1984 behinderte die Witterung die Arbeiten. Deutlich erkennbar sind die verschalten Giebeldreiecke, die als Ganzteile nach Wackershofen wanderten.

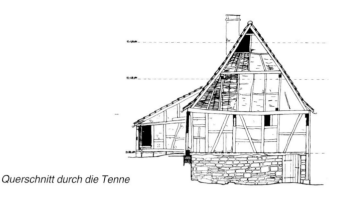

Querschnitt durch die Tenne

men Dach sind Wohnung, Stall und Scheune angeordnet. Die Wohnung ist „gestelzt", da sie über dem niedrigen Stall liegt; sie besteht nur aus vier Räumen: dem Flur, der Küche, der Stube und einer Kammer. Die Anordnung dieser Räume zueinander entspricht dem klassischen Prinzip des Grundrisszuschnitts der ländlichen Häuser in unserer Region. Die Küche ist etwas breiter als der Flur und kann so mit der Stube eine gemeinsame Wand bilden, an der früher der Stubenofen stand und als Hinterlader von der Küche aus geschürt wurde. Stube und (Schlaf-)Kammer waren, wie in den Häusern der Bauern und Seldner üblich, nur durch eine dünne Bretterwand geteilt. Von der Küche aus führt eine enge Stiege in den nichtausgebauten Dachboden, wo die Kinder schliefen. Durch das ganze Gebäude läuft eine Querwand vom Untergeschoss bis zum First, die im oberen Bereich als originale Lehm-

Vom Restaurator wird beim Wiederaufbau die originale, farbenprächtige Schablonenmalerei in mehreren Arbeitsschritten mit viel Mühe und Akribie angebracht.

121

Trotz der Armut der früheren Bewohner hat man die Wohnstube aufwendig ausgemalt, dafür sind die Möbel einfach gehalten.

flechtwand aus der Erbauungszeit erhalten ist. Diese Wand kann man als eine Art Brandwand bezeichnen, sie trennt den Wohnteil mit dem Stall vom Wirtschaftsteil, der Tenne mit dem Barn. An der rückseitigen Traufe hat das Haus zwei Anbauten, in Verlängerung des Flurs einen zeitweise als Stall genutzten kleinen Raum, in den Akten als „Laubstall" bezeichnet. Daneben wurde der an die Küche angebaute Backofen im Museum wieder rekonstruiert sowie der zugige Abort als Bretterverschlag. Vorne am Hausgiebel war in Schwarzenweiler ein Schweinestall in Verlängerung des Laubstalls angefügt. Die genaue Bauzeit des Hauses konnte bisher noch nicht bestimmt werden. Das vorhandene Holzgefüge mit der Tenne und das archivalisch eingegrenzte Baudatum „um 1780" widersprechen sich etwas. Aufgrund des Holzgerüstes würde man ohne Kenntnis der Urkunden auf eine Bauzeit um 1700 tippen. Dendrochronologische Untersuchungen brachten bisher kein abgesichertes Ergebnis, da das Haus aus sehr viel zweitverwendetem Material erbaut war. Nachforschungen am wiederaufgebauten Objekt haben zwischenzeitlich ergeben, dass sich in der Hausmitte (Stubenkammer und Tenne) das kleine ursprüngliche gestelzte „halbe (=kleine) Haus" verbirgt, das etwa erst um 1830 zu dem heutigen „Einhaus" durch einen vorderen Stubenanbau und einer Verlängerung neben der Tenne umgeformt wurde.
Über die verschiedenen Bauveränderungen am Haus selber ist wenig aktenkundig geworden. Die massiven Außenwände des

Wohnstocks sind junge Erneuerungsmaßnahmen, sie dürften wohl im ersten Viertel des zwanzigsten Jahrhunderts die alten Fachwerkwände ersetzt haben. Auch die rückwärtige Giebelwand als verputzte Ziegelmauer im Bereich des Barn ist einer Reparatur zu verdanken. Eine genaue Farbuntersuchung der Wandschichten erbrachte erstaunlich bunt und aufwendig gestaltete Schablonenmalereien an den Wänden. Sie entstammen wohl den zwanziger Jahren des letzten Jahrhunderts. Nach den Erzählungen der Nachfahren der letzten Bewohner konnte deren Einrichtung im Großen und Ganzen nachgestellt werden, sie entspricht jetzt im Museum dem Zustand um 1925.

Gebäudedaten:
Länge x Breite: 13,00 m x 6,70 m
Abbau: 1984
Bauaufnahme verformungsgerecht im M 1: 25: Günter Mann, Schorndorf
Farb- und Putzuntersuchung: Ernst Stock, Schwäbisch Hall
Wiederaufbau: 1984/85, geöffnet seit 1986
Zeitstellung des Gebäudes: um 1925

Literatur:
Nachlassverzeichnis des Webers Georg Friedrich Kitterer in Schwarzenweiler von 1811, in: Mitteilungen des Hohenloher Freilandmuseums Nr. 5, 1984
Gerd Schäfer, Das sogenannte Seldnerhaus entstand in zwei Phasen, in: Mitteilungen des Hohenloher Freilandmuseums Nr. 17, 1996

Von der Küche aus führt die Treppe in den Dachboden, wo früher die Kinder schliefen. Der Herd aus Schwarzenweiler wurde im Museum wieder eingebaut.

8b Spätmittelalterliche Scheune aus Obereppach, Stadt Neuenstein, Hohenlohekreis

Die meisten Gebäude im Hohenloher Freilandmuseum stammen in ihrer Bausubstanz aus dem 18. und 19. Jahrhundert. Gerade aus dieser Zeit haben sich die meisten historischen ländlichen Bauten erhalten, aus den Jahrhunderten davor sind im Verhältnis dazu nur wenige Häuser und Scheunen überkommen. Trotzdem können noch genügend bauliche Spuren selbst aus dem Spätmittelalter in allen Regionen des Einzugsbereichs festgestellt werden. Auch im Bereich der Kernlandschaft „Hohenlohe", die noch bis vor kurzem als von Bauten vor 1750 vollkommen ausgeräumt galt, sind durch die Forschungen des Freilandmuseums genügend Beispiele aus dem 16. Jahrhundert erkannt worden, die jetzt den Aufbau einer eigenen kleinen Baugruppe „Bauernhof vor dem 30-jährigen Krieg" erlauben.

Als erstes Gebäude aus dem Spätmittelalter für das Freilandmuseum konnte der damals sensationelle Fund einer gut erhaltenen Scheune aus dem 16. Jahrhundert ins Museum transloziert werden. Dieses dreizonige landwirtschaftliche Nebengebäude stand in Obereppach bei Neuenstein und war vor Ort in eine lange Scheunenzeile aus der Zeit um 1800 so integriert, dass der Erstbau selbst für Fachleute nur schwer erkennbar war. Eine Datierung des Holzgefüges ergab als Baujahr 1549.

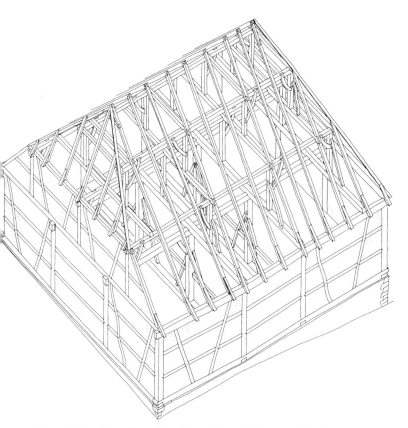

Isometrische Darstellung des rekonstruierten Scheunengebäudes

Die Scheune in Obereppach von der Bahn aus aufgenommen

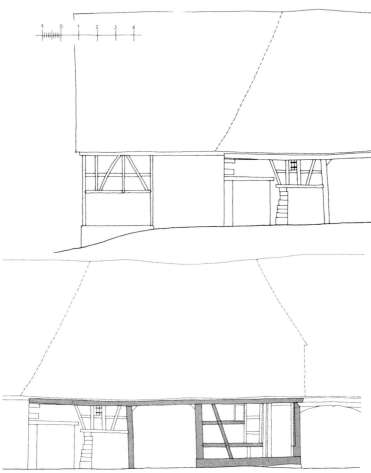

Ansicht mit Eintragung der beim Abbau noch vorhandenen Originalhölzer

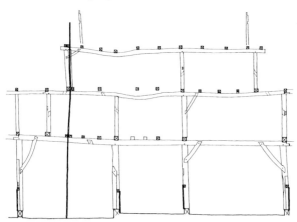

Längsschnitt, gut zu sehen ist die spätere Abgrenzung der verschiedenen Eigentümer.

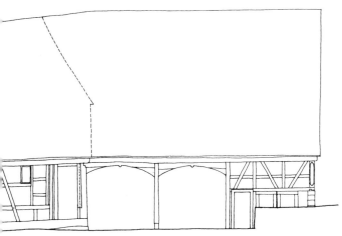

Längsansicht auf der Hofseite mit den späteren seitlichen Anbauten. Die ursprüngliche Scheune von 1550 ist gut zu erkennen.

Scheune des 16. Jahrhunderts

Wichtig an diesem großteils original erhaltenen Scheunenbau ist die erstmals durch ein Objekt geschaffene Einblicksmöglichkeit in eine als verloren geglaubte Vergangenheit. Bisher war es nur möglich, Licht in das Alltagsleben dieser Zeit mittels „trockener" Archivalien zu bringen. Jetzt wissen wir, dass die Scheune eines Bauernhofes im 16. Jahrhundert schon recht stattliche Ausmaße hatte, sie besitzt drei Querzonen mit der Tenne in der Mitte und zwei seitlichen Barn, die Lagerräume für das ungedroschene Getreide. Diese Anordnung entspricht dem klassischen süddeutschen Scheunentypus und wird bis ins 19. Jahrhundert bei kleineren Anlagen angewandt. Die Barn werden von der Tenne durch niedrige Querwände abgeteilt, über dem vier Meter hohen Erdgeschoss lagen keine Decken auf. Nur durch das raumhohe

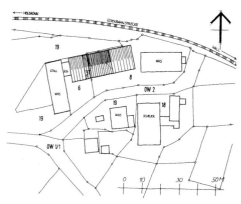

Lageplanausschnitt von Obereppach, Zustand um 1980

127

Innenansicht im Museum

Tennentor gelangt man in die Scheune, der rechte Barn ist mit einem Durchgang in der Querwand mit der Tenne verbunden, die linke Barnwand ist geschlossen. Die Konstruktion des original erhaltenen linken Torpfostens lässt vermuten, dass hier direkt neben dem Tor eine Tür, ähnlich wie bei der Scheune aus Hohensall (10 c), das sonst nicht zugängliche Barnfach erschloss. Da ein vollständiger Nachweis nicht mehr möglich war, wurde diese Tür beim Wiederaufbau nicht rekonstruiert. Charakteristisch für das frühe Baudatum ist auch die Dachform mit Vollwalmdach auf der einen und Halbwalmdach auf der anderen Schmalseite. Völlig unterschiedliche Holzverbindungen zeigt die Scheune innen und außen. Die Außenwandkonstruktion mit den weiten Stützenstellungen und den gezapften, geschosshohen, schrägen Streben ist typisch für das 16. Jahrhundert. Das innere Gefüge mit den angeblatteten Fuß- und Kopfbändern ist technisch völlig anders, man möchte aus unserer Sicht meinen, „altertümlicher" und rückständiger ausgeführt. Diese aussteifenden schrägen Hölzer im Innern sind streng zugeordnet: in der Längsrichtung handelt es sich um Kopfbänder, hier ist eine Strebe zwischen dem oberen Teil der Stütze und der längslaufenden Pfette angeordnet; in der Querrichtung dagegen geschieht die Winkelsicherung durch Fußbänder, hier läuft also die Schräge von oben nach unten auf den Dachbalken, den Kehlbalken oder die Schwelle.

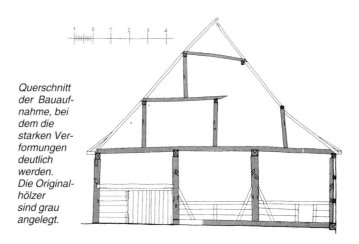

Querschnitt der Bauaufnahme, bei dem die starken Verformungen deutlich werden. Die Originalhölzer sind grau angelegt.

Wiederaufbau im Museum

Durch den späteren Einbau in einen langen Scheunenkomplex waren etliche Bauhölzer verändert worden oder schon völlig abgängig. Die vorhandenen Spuren ließen aber eine Rekonstruktion des Gefüges mit den nicht mehr vorhandenen Walmen, den Außenwandergänzungen und den vielen fehlenden Aussteifungshölzern völlig unproblematisch zu. Die wenigen, noch original erhaltenen Wandfüllungen als Lehmflechtwerk („Schlierwand") waren so desolat, dass ein Transport ganzer Wände nicht sinnvoll schien. Vor Ort in Wackershofen wurden dann alle Wände in dieser alten Technik in mühevoller Arbeit vom Bautrupp des Museums wieder ausgeführt. Auf den Außenseiten wurde ein dünner Kalkputz, dem Kälberhaare zur „Bewehrung" beigemengt wurden, als Witterungsschutz aufgetragen.

Gebäudedaten:
Länge x Breite: 15,20 m x 13,0 m
Abbau: Winter 1981/82
Bauaufnahme: verformungsgerecht im Maßstab 1:50: Albrecht Bedal und Robert Crowell, Karlsruhe
Dendrochronologische Bestimmung: 1548/49, Hans Tisje, Neu-Isenburg
Wiederaufbau: 1982/83
Zeitstellung: Erbauungszustand um 1550

Literatur:
Albrecht Bedal, Kelter Oberohrn und Scheune Obereppach. Zwei ländliche Nebengebäude aus Hohenlohe, in: Mitteilungen des Hohenloher Freilandmuseum Nr. 3, 1982
Albrecht Bedal, Oben Wohnen, unten Wirtschaften, in: Mitteilungen des Hohenloher Freilandmuseums Nr. 20, Band D, 1999

9a Waaghäuschen aus Rauhenbretzingen, Gemeinde Michelbach/Bilz, Landkreis Schwäbisch Hall

Mitten in dem kleinen Ort stand jahrzehntelang ein kleiner verbretterter Schuppen, das Waaghäusle. Auf beiden Giebelseiten führen zwei hausbreite zweiflügelige Tore in den Innenraum. Hier ist die Viehwaage eingebaut. Da das Schlachtvieh nach Gewicht verkauft wurde und wird, ist es notwendig, das Vieh vor dem Verkauf zu wiegen. Das festgestellte Gewicht wird auf einer Karte ausgedruckt. Ähnliche Gemeinde-Viehwaagen waren bis vor kurzer Zeit überall in Benutzung, manche, wie das im Ort Wackershofen erhaltene Waaghäuschen, sind sogar heute noch mit der alten, unverwüstlichen Wiegemechanik in Betrieb.

Das Waaghäuschen in Rauhenbretzingen ist vermutlich in den 1920er Jahren neu gebaut worden, in einem Lageplan von 1930 wird es als bestehendes Gebäude geführt. Als gemeindeeigenes Gebäude wurde die kleine Viehwaage auch als Anschlagtafel für Mitteilungen an die Bürger verwendet.

Gebäudedaten:
Länge x Breite: 3,10 m x 2,60 m
Abbau und Wiederaufbau: 1989 in einem Stück
Zeitstellung des Gebäudes: um 1930

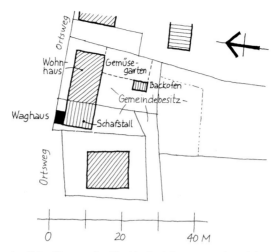

Lageplan von der Ortsmitte von Gschlachtenbretzingen aus dem Jahre 1930 als das Waaghauses auf Gemeindegrund errichtet wurde.

Das Waaghäuschen vor Ort kurz vor dem Abbau

Eingestempelte Gewichtsangabe auf einem vorgedruckten Kärtchen der Gemeindewaage in Wackershofen

9b Schafscheuer aus Birkelbach, Gemeinde Satteldorf, Landkreis Schwäbisch Hall

In vielen Dörfern der Hohenloher Ebene stand noch bis vor kurzem eine gemeindeeigene Schafscheuer oder ein Schafhaus. Eigentlich handelt es sich dabei um Schafställe, die den großen Schafherden als Unterkunft dienten. Vielerorts waren sie mit weiteren gemeindlichen Räumen wie Brechdarre oder Armenwohnung verbunden.

Baugeschichte

Die Entstehung dieser kleinen Schafscheuer gibt einige Rätsel auf. In Birkelbach ist spätestens seit dem im Jahre 1853 angelegten Güterbuchheft eine „Schafscheuer ganz getäfert, mit Ziegeldach an der Gasse neben der Schulgemeinde" belegt. Dieses einfach gebaute Gebäude stand wenige Jahre später dem Bahnbau Crailsheim-Ansbach im Wege, es wurde deswegen 1873 abgebrochen. Parallel stellte die Bahn-Baufirma Lautenschlager ein Baugesuch zur Errichtung eines „provisorischen Wohngebäudes für Arbeiter". Dieses Unterkunftshaus hat dieselben Maße wie die alte Schafscheuer und muss wohl, nach dem vorhandenen Plan und der Baubeschreibung zu schließen, genauso ausgesehen haben. Man kann daher davon ausgehen – obwohl in den Akten eine Wiederverwendung nicht erwähnt wird -, dass die Baufirma aus Sparsamkeitserwägungen heraus aus den leicht abzubauenden Hölzern der Schafscheune ca. 50 Meter entfernt die ehemalige Schafscheune als „Baracke" für die Bahnarbeiter wieder errichten ließ. Die Baugenehmigung für dieses Provisorium erstreckte sich allerdings nur für die Zeit des Bahnbaus, es sollte spätestens nach vier Jahren wieder entfernt werden. Aber über hundert Jahre später stand der „Holzschuppen" immer noch, jetzt wieder als Birkelbacher Schafscheuer. Sie wird

Die Schafscheune beim Abbau mit Blick auf die Raufen. Die Außenbretter sind schon entfernt.

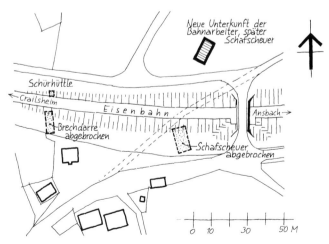

Die alte Schafscheuer stand am östlichen Rand von Birkelbach, genau auf der geplanten Eisenbahntrasse. Sie wurde deswegen um 50 Meter nach Norden verschoben.

133

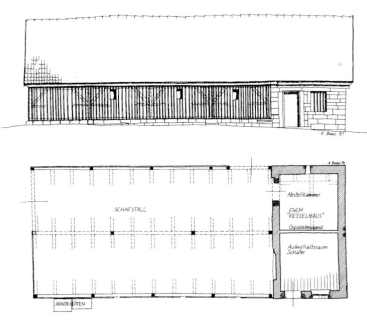

Längsansicht und Grundriss der Bauaufnahme

in den Akten geführt als ab „1876 neu errichtet" mit einem „Kesselhaus" als Anbau, eine vier auf sieben Meter große, massive Verlängerung. Dieser Name bezeichnet eine Brechdarre mit einem steinernen Kessel zum Dörren des Flachses. Charakteristisch dafür sind die dicken Mauern und die zwei heute noch erhaltenen Fensterschlitze. Man kann also davon ausgehen, dass die alte Schafscheuer von Birkelbach schon 1873 einmal versetzt wurde und dann bis 1876 als Arbeiterunterkunft diente. Danach nutzte sie die Gemeinde wieder als Schafscheuer und baute das sogenannte Kesselhaus als Ersatz für die ebenfalls beim Bahnbau abgegangene Brechdarre an. Diese Kombination von im Gemeindebesitz befindlicher Schafscheuer und Brechdarre unter einem Dach ist nicht ungewöhnlich, sie ist in unmittelbarer Nachbarschaft auch in Gröningen nachgewiesen (siehe Museumsgebäude 1). Erst später, nach dem Ersten Weltkrieg, als die Brechdarren überflüssig wurden, hat sich der Schäfer im nun nutzlosen „Kesselhaus" einen Aufenthaltsraum eingerichtet. Um Licht zu erhalten, wurde dabei das größere Fenster eingebrochen, wohingegen die Tür mit ihrem Steingewände von Anfang an hier eingebaut war.

Die Schafscheuer im Museum

Bei der Gebäudeumsetzung von Birkelbach nach Wackershofen ging die Scheuer also das zweite Mal auf Reise. Sie fand ihren

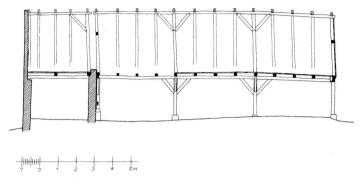

Längsschnitt und Querschnitt der Bauaufnahme. Deutlich ist die Baufuge zwischen der eigentlichen Scheuer und dem Kesselhaus zu sehen.

Platz wieder außerhalb des Dorfes in der Nähe der Bahnlinie, ähnlich wie in Birkelbach. So weist sie auch im Museum auf die einstige Nutzung als Bahnarbeiterbehausung aus der Bauzeit der Haupteisenbahnlinien im nördlichen Württemberg hin. Beim Wiederaufbau wurde der vorgefundene Zustand mit dem Fenstereinbruch gewählt, eine Rekonstruktion des vorherigen Zustandes mit dem Dörrkessel war nicht mehr möglich. Die Schafscheuer selber dient heute zur Unterbringung der museumseigenen Schafherde.

Gebäudedaten:
Länge x Breite: 17,10 m x 7,10 m
Abbau: 1986, zerlegt in Einzelteile
Bauaufnahme, verformungsgerecht im Maßstab 1:50: Hochbauamt der Stadt Schwäbisch Hall, Albrecht Bedal
Wiederaufbau: 1987
Zeitstellung des Gebäudes: um 1930

9c Brech- und Darrhütte aus Amlishagen,
9d Stadt Gerabronn, Kreis Schwäbisch Hall

Vor dem Aufkommen der aus Amerika oder Afrika importierten Baumwolle wurde der Stoff aus Leinenfaden gewebt, der in eigener Produktion als Flachs angebaut wurde. Auch nachdem die leichtere Baumwolle sich für die Leibwäsche durchsetzen konnte, war Leinen als Material für bestimmte Textilien wie Bettwäsche oder als Beimischung zur Baumwolle weiterhin beliebt. Im Dritten Reich erlebte der Flachsanbau wegen der damaligen Autarkiebestrebungen eine kurze Wiederbelebung. Heute sind die blau blühenden Felder weitgehend aus der Landschaft verschwunden. Die Verarbeitung vom Flachs bis zum fertigen Tuch war sehr aufwendig, allein das Herausholen der zum Spinnen geeigneten Faser aus der Pflanze erforderte einen speziellen Arbeitsgang, der in den alten Dörfern sogar einen eigenen Bautyp schuf: Das Brechhaus oder die Brechdarre.

Aufgabe der Brechdarre

Die Brechdarren hatten zwei Funktionen: In einem Raum wurde der vorbereitete Flachs durch Hitze gedarrt, also getrocknet, um danach im anderen Raum zum Herausholen der Faser gebrochen zu werden. Diese beiden Räume konnten in einem oder in zwei getrennt angelegten Gebäuden untergebracht sein. Der

Die beiden Fotos zeigen den Zustand der Brechdarre in Amlishagen.

Darrraum besitzt in der Mitte einen runden Dörrplatz, auf dem ein Rost aufgelegt ist. Von außen führt unterirdisch ein Rauchkanal, der „Fuchs", in dieses kreisrunde Becken, auch „Kessel" genannt. Die heiße Luft durchstreift den Kessel und trocknet im Aufsteigen den auf dem Rost aufgeschichteten, vorher „gerösteten" Flachs. Der Rauch zieht dann durch das Dach wieder ab. Geschürt wird außerhalb des Darrraumes im „Schürhüttle", von dem aus der in den Boden eingetiefte „Fuchs" über etliche Meter in den Kessel führt. Wegen der großen Feuergefahr bei dieser Arbeit wurde der Heizraum möglichst weit weg von der Brechdarre angeordnet. Eine zusätzliche Abknickung im Heißluftkanal sollte

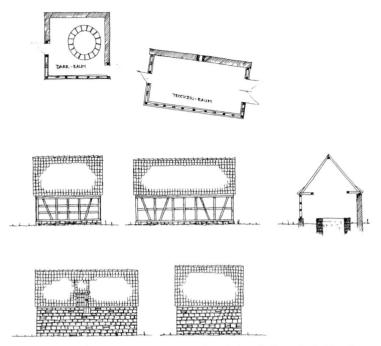

Die Bauaufnahme dokumentiert gut die schräge Stellung der beiden Gebäude zueinender.

den gefährlichen Funkenflug bis in den Darrraum verhindern. Der Brechraum war hier wie vielerorts wegen der trotz aller Vorsichtsmaßnahmen immer wieder entstehenden Brände nicht mit dem Darrraum zusammengebaut, sondern in einem daneben liegenden Gebäude untergebracht. Er besaß keine besonderen Einrichtungen, hier wurde auf den mitgebrachten Flachsbrechen der getrocknete und spröde gewordene Flachs gebrochen und mit Schwingen und Hecheln so lange bearbeitet, bis die Fasern frei lagen. Diese Arbeit besorgten in der Regel die Frauen und Mädchen. Die Brechdarren waren meistens kommunale Gebäude, deren Benutzung durch die einzelnen Bauern geregelt war. In kleineren Weilern mit wenigen Höfen konnte sich auch eine Eigentümergemeinschaft bilden, die sich eine solche Brechhütte selber baute. Um bei dem Hantieren mit dem offenen Feuer und dem leicht entzündbaren Flachs kein Risiko einer Feuersbrunst einzugehen, baute man die Brechdarren weit außerhalb der geschlossenen Dörfer. In wohl allen Dörfern Hohenlohe-Frankens bestanden die Brechhütten im 19. Jahrhundert als gemeindliche Einrichtungen, bis ins westliche Mittelfranken hinein sind sie bekannt. Auch Wackershofen besaß damals eine solche kleine Gebäudegruppe, die Darr- und Brechhütte lag etwa da, wo heute im Gelände des Freilichtmuseums die Gofmannskelter steht.

Die Brechdarre aus Amlishagen

In Amlishagen lagen die Dörr- und die Brechhütte weit vor dem Ort in Richtung Rot am See. Da Bauunterlagen fehlen und eine Datierung der Hölzer nicht möglich war, kann ein genaues Baudatum nicht angegeben werden. Im Urkatasterplan von 1833 ist die Anlage schon eingezeichnet, also kann eine Bauzeit im ersten Drittel des 19. Jahrhunderts angenommen werden. Für eine Errichtung davor sprechen bei Konstruktion und Gefüge keine Indizien. Die kleine Schürhütte war, wie die Gemeinderatsprotokolle verraten, 1844 so baufällig, dass sie erneuert werden musste. Wie lang die Gebäude bestimmungsgemäß verwendet wurden, lässt sich nicht mehr nachvollziehen. 1905 heißen sie noch Schürhaus, Dörrhaus und Brechhaus; 1951 werden sie lapidar als „Remise" bezeichnet, das Schürhüttle ist schon abgegangen.

Über die Flachsverarbeitung

Im Hochsommer reift der Flachs, er muss daher im Juli bis August geerntet werden. Flachs wird nicht geschnitten, sondern gerupft, dann gebündelt und in kleinen Garben zum Trocknen aufgestellt. Vor dem Weiterverarbeiten müssen die Kapseln von den Stängeln gelöst werden. Bei diesem Riffeln werden kleine Büschel durch einen eisernen Rechen gezogen. Die abgefallenen Kapseln kann man als Samen aufheben oder zu Leinöl mahlen. Die so gereinigten Stängel müssen neu aufgeweicht werden, der Bast muss sich lösen lassen. Besonders gut für dieses „Rösten" eignen sich die feuchten Herbstmorgen. Danach muss der Flachs ins Dörrhaus zum Trocknen, um anschließend gebrochen zu werden, eine typische Winterarbeit. Um ihn von allen harten Teilen endgültig zu befreien, wird er zusätzlich auf dem Schwingstock geschlagen. Als letzten Arbeitsgang vor dem Spinnen muss er noch gehechelt werden, er wird dabei durch fest stehende, eiserne Bürsten unterschiedlicher Feinheit gezogen.

Gebäudedaten:
Länge x Breite (Darrhütte): 5,30 m x 5,20 m
(Brechhütte): 4,50 m x 8,50 m
Abbau: 1985, zerlegt in Einzelteile
Bauaufnahme im Maßstab 1 : 75: Hochbauamt der Stadt Schwäbisch Hall, Gerhard Leibl
Wiederaufbau: 1986
Zeitstellung der Gebäude: 19. Jahrhundert

Literatur:
Erika Thier, Anbau und Verarbeitung des Flachses, in: Alte Textilien im Bauernhaus, Schwäbisch Hall 1984

Heinrich Mehl, Brechdarren in Hohenlohe, in: Alte Textilien im Bauernhaus, Schwäbisch Hall 1984

10a Steigengasthaus „Rose" aus Michelfeld, Landkreis Schwäbisch Hall

Neben den üblichen Dorfgasthäusern war im Hohenlohischen mit seinen vielen in die Ebene tief eingeschnittenen Tälern und den Anhöhen zum Schwäbisch-Fränkischen Wald ein weiterer Gasthoftyp üblich geworden: der am Ende oder in der Mitte einer länger ansteigenden, wichtigen Verkehrsstraße gelegene Steigengasthof. Er ist bei den früheren Verkehrsverhältnissen Rastpunkt für die Bauern, Fuhrleute und sonstiges fahrendes Volk gewesen. Man konnte hier die vom Aufstieg ermatteten Zugtiere unterstellen und sich selbst einen kräftigen Erfrischungstrunk leisten. Gegen entsprechendes Entgelt spannte der Wirt auch seine eigenen Zugtiere vor und begleitete die schweren Wagen bis zur Höhe hinauf.

Auf halber Höhe zum Mainhardter Wald an der „Roten Steige", der wichtigen Verbindung von Nürnberg über Rothenburg und Schwäbisch Hall in Richtung Neckartal, und in einiger Entfernung von Michelfeld gelegen, war die „Rose" natürlich auch Treffpunkt für Waldarbeiter, Holzfäller und manches lichtscheue Gesindel. Die wechselhafte Geschichte des Gasthauses, in dem Mord- und Totschlag aktenkundig geworden sind, die vielen sagenhaften Erzählungen, die sich um das Steigengasthaus ranken, machen das Haus im Museum nicht nur zu einem baugeschichtlichen Denkmal, sondern auch zu einem lebendigen Geschichtszeugnis.

Erkenntnisse zur Baugeschichte

Das Steigengasthaus war das erste für das Hohenloher Freilandmuseum abgebaute Museumsobjekt. Trotz genauer Vermessung im großen Maßstab und minutiöser Nummerierung hat man damals beim Abbau auf die vielen vorhandenen baugeschichtlichen Spuren weniger geachtet. So ist es zehn Jahre nach dem Wiederaufbau kaum mehr möglich, den ursprünglichen Zustand und die einzelnen Bauphasen zu rekonstruieren. Erstmals urkundlich 1620 durch die Vergabe einer Schankkonzession an Joachim Kübler durch den Rat der Reichsstadt Hall erwähnt, ist der Baukörper selbst wesentlich jünger.

Das Gebäude, so wie es 1979 vom Museum vorgefunden wurde, dürfte hauptsächlich aus zwei Bauphasen bestanden haben. Um

Das Steigengasthaus in einer Aufnahme um 1910

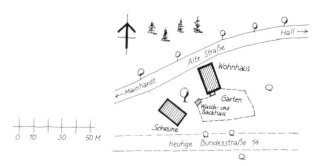

Lageplan des Gasthofes „Rose" um 1830 mit Eintragung der heutigen Bundesstraße

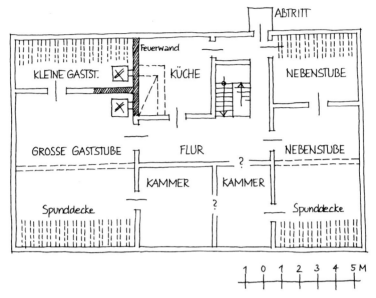

Rekonstruktion des Obergeschosses zur Zeit der Erbauung 1750 mit den vier Stuben, die mit Spunddecken ausgestattet waren

1750 wurde das Gebäude im heutigen Umfang neu erstellt. Eine am wiederaufgebauten Haus durchgeführte Nachdatierung nicht ausgetauschter Hölzer ergab das Fälldatum 1748/49. Bestätigt wird dieses Datum durch einen Protest von Syndikus, Räten und Beamten der Komburg beim Haller Rat 1749 wegen „Auferbauung" der Wirtschaft zur Roten Steige. Das Gasthaus war schon damals ähnlich aufgeteilt wie heute: Wirtsstube und Nebenräume mit Küche im Obergeschoss, Stall, Remise und Abstellräume im Erdgeschoss. Charakteristisch für diese Zeit ist die sichtbare Spunddecke (auch Bohlen-Balken-Decke genannt), die heute im Museum in der großen Gaststube noch sichtbar ist. Es ist anzunehmen, dass damals auch das Erdgeschoss aus Fachwerk bestand. 1801 kommt es in den Besitz eines unternehmungslustigen Wirts, Georg Gottlieb Seckel erneuert das Haus vollkommen. Bei dieser durchgreifenden Renovierungsphase werden alle Außenwände vollständig ersetzt, die Wände des oberen Stockwerks werden in der damals üblichen Fachwerkmanier neu gezimmert, das Erdgeschoß erhält vermutlich zusammen mit den neuen Türgewänden die 60 cm dicke Bruchsteinwand. Es ist anzunehmen, dass in diesem Zusammenhang der gewölbte Keller eingebaut wird. Georg Seckel ließ die rechte, vorher ebenfalls mit einer Spunddecke versehene Nebenstube zu einem zeitgemäßen Tanzsaal mit einer weiß gestuckten Decke verändern. Dabei wurde eine Wand aus dem Tragsystem herausgeschoben, die im Laufe der Zeit zu dem großen Bauschaden geführt hat, der letztendlich den Abbruch des Hauses verursachte. Nach-

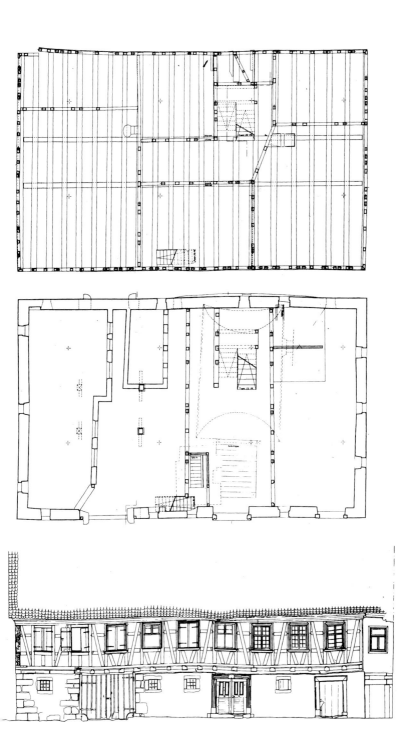

Grundriss Dachgeschoss und Obergeschoss sowie die Ansicht der Ein-
gangsseite aus der Bauaufnahme 1979

143

dem 1862 neben dem alten Gasthaus „Rose" ein Neubau entstand, wurde unser Steigengasthaus verlassen und diente zuletzt nur noch als Schweinestall, Fruchtspeicher und Abstellraum.

Das Steigengasthaus im Museum

Von seinem Grundgefüge her entspricht das Steigengasthaus dem üblichen Typ des zweigeschossigen Wohn-Stall-Hauses. Statt der Wohnung befinden sich hier die Gasträume im Obergeschoss. Das Erdgeschoss ist in drei Zonen aufgeteilt: Rechts vom Flur befindet sich der Ochsen- und Pferdestall, links des Flures ein großer Raum mit vier Einzelstützen, den man als Wagenremise deuten kann, der aber sicher auch für die Unterbringung der Zugtiere der Reisenden gedient hat. Der breite Querflur endet rückseitig mit der zweiläufigen Treppe. Direkt hinter der Haustüre ist der Bohlenbelag abnehmbar, unter den Dielen wird dann die breite Steintreppe in den gewölbten Keller frei. So konnten die großen Most- und Weinfässer in den Keller gebracht werden. Für den Wirt wurde vom Schankraum aus ein kleines Treppchen eingebaut, damit er schnell aus dem kühlen Keller einen frischen Most für die durstigen Gäste holen konnte.

Das Obergeschoss wird auf beiden Hausseiten von Gaststuben eingerahmt: links der große Hauptgastraum, dahinter eine kleine, ebenfalls heizbare Nebenstube, auf der rechten Seite der Tanzsaal, ebenfalls mit einem Nebenraum. Dazwischen liegen Küche und Treppen, gegenüber ein (oder waren es einmal zwei?) größerer Raum, der vielleicht früher als Schlafkammer diente.

In der Küche konnten deutliche Spuren der alten Einrichtung gefunden werden, nach denen der gemauerte Herd für das offene

144

Feuer und der Rauchfang rekonstruiert wurden. Die Schüröffnungen für die beiden Hinterladeröfen in der großen und kleinen Stube wurden wieder eingebaut. Der Küchenboden bestand aus gebrannten Tonplatten, die beim Wiederaufbau Verwendung fanden. Am Hauptgiebel des Hauses, wo bei den Wohnhäusern die Stu-

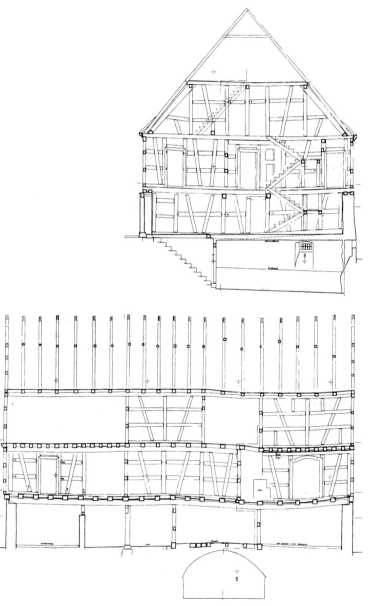

Quer- und Längsschnitt der Bauaufnahme 1979. Der Keller musste in Michelfeld bleiben, er wurde im Museum aus alten Steinen nachgebaut.

145

Die Wirtsstube im Museum mit dem Kienspanhalter

be liegt, befindet sich hier der große Gastraum. Mit Treppenhaus und Gang ergibt sich wieder, wie bei den Wohnhäusern, ein Winkelflur. Neben der zweiläufigen Treppe ist ein schmaler Gang eingezwängt, der zum Aborterker führt. Der gusseiserne Ofen in der großen Stube stammt aus dem Welzheimer Wald, die Wirtshaustische kommen aus dem „Grünen Baum" in Neunkirchen. Die Eckbank wurde nach gefundenen Resten und Spuren rekonstruiert.

So sah der Keller im Steigengasthaus am alten Standort aus.

Die Stubenfenster mit den Bleisprossen, den zwanzig Scheiben und den vier Flügeln sind originale Fenster aus dem Haus, die hier zusammengezogen wurden, alle übrigen Fenster wurden nach dem Vorbild dieser Kreuzstockfenster nachgebaut.

Der Tanzsaal zeigt den Zustand um 1801 mit der dazugehörigen, einfachen Farbgebung, dem kassettierten Fußboden und den Füllungstüren. Auch hier war ein von außen heizbarer Ofen eingerichtet, dessen vorgefundene Mauerreste wiederaufgebaut wurden; er soll einmal mit einem zeittypischen Kastenofen aus gusseisernen Platten vervollständigt werden.

Gebäudedaten:
Länge x Breite: 20,50 m x 11,60 m
Abbau: 1979
Bauaufnahme verformungsgetreu im Maßstab 1:25: Landesdenkmalamt Baden-Württemberg und Städtisches Hochbauamt Schwäbisch Hall
Farbgutachten: Württembergisches Landesmuseum
Dendrochronologische Bestimmung: Lohrum/Bleyer, Ettenheimmünster
Wiederaufbau: 1980–82
Zeitstellung: nach 1801

Literatur:
Heinrich Mehl, Steigenhaus Michelfeld (mit Besitzergeschichte), in: Mitteilungen des Hohenloher Freilandmuseum Nr. 1, 1980
Sibylle Frenz, War das Steigenhaus ein Räubernest? in: Mitteilungen des Hohenloher Freilandmuseums Nr. 16, 1995
Anette Stuber-Rouselle, Die Räuber vom Mainhardter Wald, in: Schurke oder Held, hrsg. von Harald Siebenmorgen, Sigmaringen 1995

Außenansicht zur Zeit der Bauaufnahme

10b Große Stall-Scheune von der Roten Steige, Gemeinde Michelfeld, Landkreis Schwäbisch Hall

Ein außergewöhnlicher Glücksfall bescherte dem Freilandmuseum die originale Scheune des Steigengasthauses. Sie musste einem Neubau an gleicher Stelle weichen. Somit entsteht im Museum das erste Mal ein beinahe einmaliges Ensemble, Wohnhaus und Scheune stammen vom gleichen Hof. Allerdings, bedingt durch die Geländeverhältnisse im Museum, kann die alte Hofsituation, bei der sich beide Gebäude fast gegenüberstanden, nicht nachgebildet werden. Auch die vorher hierher versetzte Scheune aus Hohensall engt die Möglichkeiten für eine historisch getreue Nachbildung des Hofraumes ein. Die leicht schräge Stellung der großen Scheune in Bezug zum Wohnhaus lässt aber noch etwas von der großzügigen Hofsituation am alten Standort oberhalb Michelfelds spüren.

Zur Baugeschichte

Als vollständig neues Gebäude wurde die Scheune 1821 gegenüber dem Steigengasthaus errichtet. Sie war damals als vierzonige Stallscheune gebaut worden mit zwei Durchfahrtstennen und zwei Barn. Über einen eventuellen Vorgängerbau ist nichts bekannt.

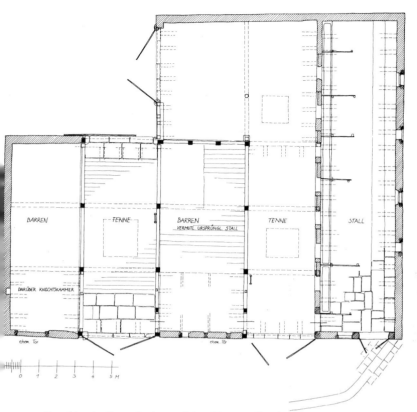

Grundriss der Bauaufnahme mit dem jüngeren Querbau

Die Aufnahme zeigt den Zustand kurz vor dem Abbau 1988. Jüngere Zutaten sind die beiden Anbauten, die nicht mit ins Museum wanderten.

149

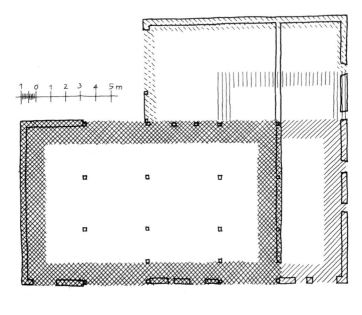

Erstbau 1821

Erweiterung I

Erweiterung II

Erweiterung III 1898

Die verschiedenen Baustufen seit dem Neubau 1821 verdeutlicht dieser Grundriss.

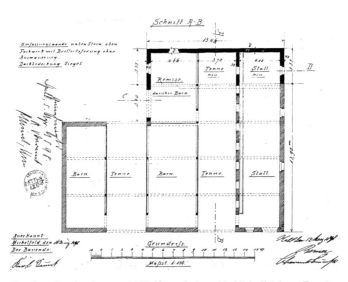

Der Baueingabeplan von 1898 (Gemeindearchiv Michelfeld) zur Erweiterung des Stalles

Im linken Barnteil befand sich ein Wagenschuppen, darüber lag im vorderen Bereich die Knechtskammer. Sie ist heute noch in Ansätzen zu erkennen. Der Stall war damals im mittleren Barn eingerichtet; im Sturz der heute vermauerten Tür ist das Erbauungsjahr 1821 eingemeißelt.

Im Laufe des 19. Jahrhunderts erfuhr die Scheune mannigfache bauliche Veränderungen, insgesamt wurde sie dreimal umgebaut und vergrößert. Zuerst wurde eine weitere Querzone als großer Viehstall angestückt, dann vergrößerte ein schmaler rückwärtiger Anbau die Tenne und den neuen Stall. Die letzte große Veränderung ist durch Bauakten belegt. 1898 wurde der rückwärtige Anbau, der bis dahin mit einem Schleppdach gedeckt war, um drei Meter verlängert und mit einem Satteldach versehen. Entgegen dem Bauplan wurden nur die Stallwände massiv ausgeführt, die Remisenzufahrt erhielt eine einfache Bretter-

Die Scheune beim Wiederaufbau im Winter 1989/90

wand. Wie aus den Bauakten zu entnehmen ist, war dieser Querbau nie als Göpelraum gedacht, wie man eigentlich vermuten sollte, sondern nur als Vergrößerung von Stall und Tenne. Beide Tennen hatten unterschiedliche Bodenaufbauten. Die rechte Tenne war mit einem Lehmstrich versehen, die linke Tenne hatte einen Dielenboden, der vorn und hinten von Sandsteinplatten begrenzt war. Diese Anordnung lässt den Schluss zu, dass sich hier ursprünglich der Dreschboden befand.

Die Scheune im Museum

Durch die gegenüber dem ursprünglichen Standort veränderte Geländesituation musste die Stallzone etwas höher ausgeführt werden als vor Ort. Hier kam dem Museum entgegen, dass bei

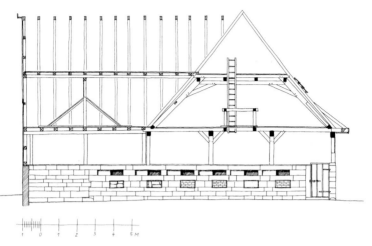

Querschnitt der Bauaufnahme

Reparaturarbeiten von den früheren Besitzern bereits zwei Reihen Ziegel zwischen der massiv gemauerten Stallwand und dem darüber liegenden Fachwerk eingefügt wurden. Beim Wiederaufbau sind einige Schichten Ziegel mehr eingebaut worden, um die neue Höhendifferenz ausgleichen zu können.

Besonders im Holzwerk des Dachstuhles war die Scheune sehr schadhaft, so dass viele neue Hölzer, insbesondere Sparren, Pfetten und Rähme zum Einbau kamen. Da bei den großen Längen nicht in ausreichender Menge Altholz zur Verfügung stand,

Die Scheune im Museum mit dem Schweinestallanbau aus Gaisbach

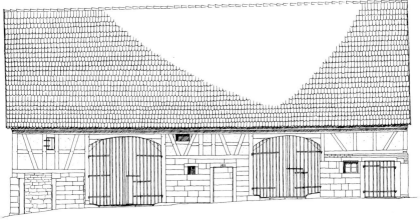

Ansicht der Bauaufnahme auf der Hofseite

wurde das Ersatzholz aus neuen Stämmen in vorbildgerechtem Querschnitt in der alten Zimmermannstechnik des „Beilens" herausgearbeitet.

Auf der rechten Giebelseite wurde ein kleiner, massiver Schweinestall mit einem Steinplattendach angebaut. Er stammt aus Oberhofen bei Gaisbach.

Im Museum dient die Michelfelder Scheune vorrangig als Magazin und ist daher nur eingeschränkt zugänglich.

Gebäudedaten:
Länge x Breite: 21,80 x 10,90 m (mit Anbau 17,10 m)
Abbau: Herbst 1989, in massive Bauteile zerlegt, alle Fachwerkwände und die Brettergiebel wandweise in Großteilen versetzt
Bauaufnahme verformungsgerecht im Maßstab 1:50: Göbel/ Reinecke, Neumarkt-St. Veit
Dendrochronologische Untersuchung im Dachwerk des Erstbaus: Winterfällung 1820/21, Lohrum/Bleyer, Ettenheimmünster
Wiederaufbau: 1989/90
Zeitstellung des Gebäudes innen wie außen: letzter Zustand vor Ort, ohne kleine Anbauten

10c Scheune aus Hohensall,
Stadt Forchtenberg, Hohenlohekreis

Diese kleine Scheune vertritt den etwas weniger häufigen Typ der „längsaufgeschlossenen" Scheune, bei der das Tennentor giebelseitig in das Gebäude führt. Die übliche Anordnung ist die sogenannte Quereinfahrt, hier liegt die Tenne quer zum First und wird von der Traufseite aus erschlossen.

Die bescheidene Scheune aus Hohensall ist noch im 18. Jahrhundert erbaut worden, die dendrochronologische Untersuchung ergab als Baujahr 1781. Über eine besondere ursprüngliche Nutzung ist nichts bekannt, zum Anwesen Nr. 4 in Hohensall gehörten noch eine große Stallscheune, zwei Schuppen und natürlich ein Wohnhaus. Sie wurde sicher schon seit mehreren Generationen als Schafscheune genutzt, so wurde sie auch zuletzt bezeichnet. Der Schafstall war im ehemaligen Barn eingerichtet und erhielt eine eigene Tür nach außen. Einseitig angesetzt wurde zu einem späteren Zeitpunkt das Schleppdach. Freie Pfosten stützen es ab, im hinteren Bereich dient es als Remise für Wagen des Hofbesitzers und ist deshalb verbrettert.

Die ziegelgedeckten Klebedächer auf beiden Giebelseiten sind anderen Beispielen einheimischer Scheuern nachempfunden, sie waren in Hohensall nicht vorhanden. Bei diesem Gebäude wurde zum ersten Mal vom Hohenloher Freilandmuseum die Methode der Ganzteiltranslozierung durchgeführt. Beide Dachgiebel und beide Traufwände sind in einem Stück nach Wackershofen transportiert worden.

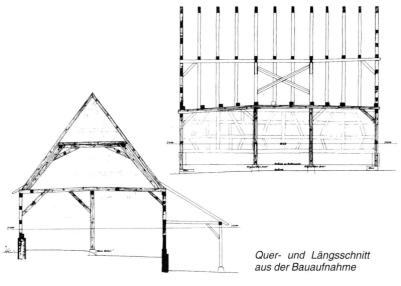

*Quer- und Längsschnitt
aus der Bauaufnahme*

Die längsaufgeschlossene Scheune noch am alten Standort

Gebäudedaten:

Länge x Breite (mit Anbau): 10,50 m x 11 ,60 m

Abbau: 1981, Giebeldreiecke und Längswände unzerlegt in ganzen Teilen

Bauaufnahme im Maßstab 1:25: Hochbauamt der Stadt Schwäbisch Hall

Dendrochronologische Bestimmung: 1781, Lohrum/Bleyer,
Ettenheimmünster

Wiederaufbau: 1982, eröffnet seit 1983

Zeitstellung des Gebäudes: letzter benutzter Zustand, ca. 1950

10d Backhaus aus Stetten, Gemeinde Frankenhardt, Landkreis Schwäbisch Hall

Im Bauzustand von etwa 1820/30, so wie das Steigengasthaus sich jetzt im Museum präsentiert, besaß der dortige Hof zwischen Wohnhaus und Scheune ein Back- und Waschhaus. Da im Museum die verschiedensten Backofentypen vertreten sein sollen – im am alten Platz erhaltenen Weidnerhof (11 a) oder im Wohn-Stall-Haus von 1887 (4 a) ist der Backofen ins Erdgeschoss eingebaut, das Armenhaus besitzt einen freistehenden Backofen (6 b), beim Handwerkerhaus aus Oberrot (5 a) ist er angebaut, im Hof des Gasthauses „Roter Ochsen" ist er im Nebengebäude untergebracht – hat man sich entschlossen, das schon sehr frühzeitig angebotene Backhäuschen aus Stetten dem Steigengasthaus zuzuordnen.

Das Dach und die Seitenwände des aus dem letzten Jahrhundert stammenden Häuschens ragen über den eigentlichen Backofen etwas vor, um bei schlechter Witterung der Bäuerin Schutz beim Arbeiten zu geben.

Das Backhäuschen wurde nach dem Stettener Vorbild aufgebaut mit Ofengewölbe und den entsprechenden Zügen, so dass es im Museum wieder voll funktionsfähig ist. Besonders beim Backofenfest kommt es zu Ehren, der darin gebackene „Blooz" findet dann reißenden Absatz.

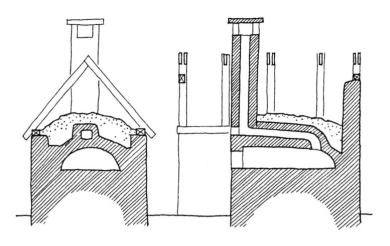

Quer- und Längsschnitt im Maßstab
1:100, Ansicht und Grundriss im Ver-
gleichsmaßstab 1:200

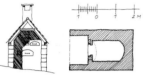

Der Backofen im Hof Holl in Stetten

Gebäudedaten:

Länge x Breite: 3,50 m x 2,15 m
Abbau: 1981, zerlegt in Einzelteile
Bauaufnahme im Maßstab 1:25: Städtisches Hochbauamt
Schwäbisch Hall, Gerhard Leibl
Wiederaufbau: 1982
Zeitstellung: um 1900

10e Kegelbahn aus Bieringen, Gemeinde Schöntal, Hohenlohekreis

Kegelbahnen oder – wie in den Akten des 19. Jahrhunderts meistens bezeichnet – „Kugelbahnen" haben ihre Hochblüte in der zweiten Hälfte des letzten Jahrhunderts. Um 1900 hatte dann nahezu jeder Landgasthof für das beliebte Sonntagsvergnügen seine eigene hölzerne und überdachte Bahn im Hof oder in einem etwas weiter entfernten Garten. Zu einer Kegelbahn gehört eine „Schankhalle" oder ein „Trinkpavillon" am Kopfende, wo man sich zum Bier trinken niederließ. Am Schluss der Bahn sind als Prallwand dicke Bohlen zwischen die Pfosten gestellt. Daneben, in einer kleinen Nische, kann sich beim Wurf der Kegeljunge vor der Kugel zurückziehen.

Die Kegelbahn des Steigengasthauses stammt aus Bieringen an der Jagst, sie stand dort hinter dem Gasthof Beck und musste einer Straßenverbreiterung geopfert werden. Das Baualter der einfach gezimmerten Kegelbahn ist nicht bekannt, Konstruktion und Aussehen lassen eine Entstehung um 1910/20 vermuten.

Die stillgelegte Kegelbahn in Bieringen

Auch die alten Kegel gelangten mit nach Wackershofen, im Hintergrund die alte Prallwand für die Kugel.

Gebäudedaten:
Länge x Breite: 17,50 m x 3,30 m
Abbau: 1982, zerlegt in Einzelteile
Wiederaufbau: 1983
Zeitstellung: um 1920

11a Wohn-Stall-Haus des Weidnerhofes, am alten Standort in Wackershofen erhalten

Etwas abseits von der Baugruppe „Hohenloher Dorf" liegt der Weidnerhof, das einzige nicht translozierte Ensemble. Der Weidnerhof gehört zum Dorf Wackershofen selber und blieb an Ort und Stelle, „in situ", erhalten. Er wurde vom Museum 1979 übernommen und danach in den Zustand um 1850 zurück rekonstruiert. Hier im Weidnerhof befand sich von 1983 bis 85 und nach dem Brand des „Roten Ochsen" der Eingang ins Hohenloher Freilandmuseum. Von der ursprünglichen Konzeption – Ausstellungs- und Veranstaltungszentrum zu sein – wurde, bedingt durch die Umstellung der Eingangssituation, wieder Abstand genommen. Heute ist der Hof ein wichtiger Funktionsbau für den Betrieb des Museums geworden, in zwei der drei Scheunen sind notwendige Werkstätten und Lagerräume untergebracht, in der größeren Scheune befinden sich WC-Anlagen und der Vortragsraum für Veranstaltungen außerhalb der üblichen Museumsöffnungszeiten. Das Wohnhaus dient als Lern- und Spielhof seit 1991 museumspädagogischen Aktivitäten.

Bau- und Besitzergeschichte des Wohnhauses

Obwohl man meinen könnte, der Weidnerhof sei mit Erbauung des jetzigen Wohn-Stall-Hauses vor 150 Jahren am Rande Wackershofen damals neu erstanden, hat diese Hofstelle eine we-

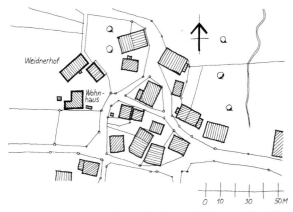

Lageplan 1828 vom westlichen Ortsrand Wackershofens mit dem Vorgängerbau des heutigen Wohnhauses

Hofansicht im Zustand vor dem Umbau 1979

sentlich ältere Geschichte. Erstmals urkundlich erwähnt wird der Hof um 1665, als Hanns Schultheiß das Anwesen von seiner Mutter kaufte. Als das große zweistöckige Wohn-Stall-Haus 1838 neu gebaut wurde, war Georg Franz Weidner der Besitzer der Hofstelle. Dieser Neubau von 1838 folgte großteils den damals üblichen Vorstellungen von einem größeren Bauernhaus im Hohenlohischen. Das Erdgeschoss wurde aus Sandsteinquadern errichtet, sein Inneres beherbergt die Ställe und die Waschküche mit dem Backofen. Links des Eingangs lag der große Rinderstall vermutlich mit kleinem abgetrennten Schweineabteil, rechts des Flurs der Pferdestall mit dem dahinter angeordneten Wirtschaftsraum mit Waschkessel, Backofen und Brennerei. Unter dieser Zone wurde auch der große, gewölbte Keller eingebaut.

Hinter dem sichtbaren Fachwerk des Obergeschosses sind die Wohnräume der Familie und des Gesindes untergebracht. Über dem Pferdestall liegt die große, niedrige Wohnstube. Ihr zugeordnet sind nach traditionellem Schema die Stubenkammer und, über eine kurze gemeinsame Wand mit der Stube verbunden, die

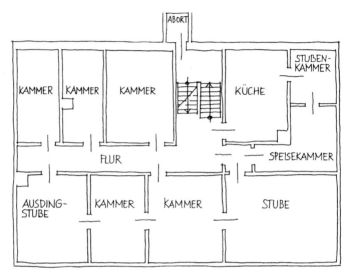

Grundriss des Obergeschosses im Zustand vor der Renovierung

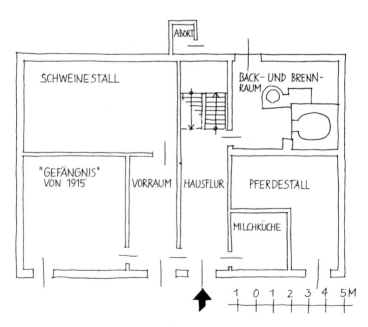

Grundriss des Erdgeschosses im Zustand vor der Renovierung

Küche, die der rückseitigen Traufseite zugewandt ist. Am Längs-
flur aufgereiht sind hofseitig die Schlafkammer und die Ausding-
stube für die Altbauern, rückseitig zum Garten zu Mägdekammer,
Abort und Treppe.
Abweichend von den sonst in dieser Zeit gebauten Wohnhäusern
sind die vier Türen des Erdgeschosses auf der Hofseite. Allge-

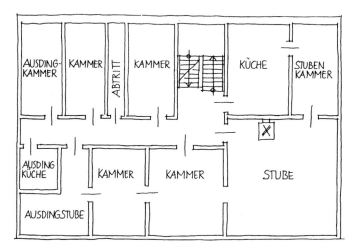

Grundriss des rekonstruierten Obergeschosses (Zustand im Museum)

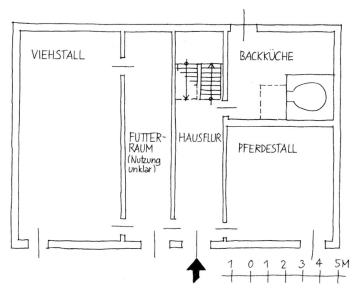

Grundriss des rekonstruierten Erdgeschosses (Zustand im Museum)

Ansicht der Hofseite vor dem Umbau 1979

mein üblich sind drei Türen, wovon die mittlere als Haustür im
Regelfall baulich ausgeschmückt und betont wird. Hier beim
Weidnerhof führen zwei gleich gestaltete, nebeneinander liegende, zweiflügelige Türen in das Haus, die rechte in einen Querflur,
der über die rückwärts angeordnete Treppe ins Wohngeschoss
führt, die linke erschließt ebenfalls einen haustiefen Querflur,
dessen Funktion unklar bleibt. Nur als Futtergang oder Futter-
raum allein für den Viehstall kann er wegen seiner repräsentativen und breiten Anordnung kaum angelegt worden sein.

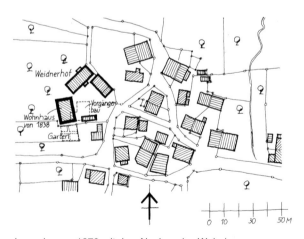

Lageplan um 1870 mit dem Neubau des Wohnhauses

Ansicht der Hofseite, Rekonstruktionsvorschlag

Zur Bauzeit 1838 war nach den erfolgten Bauuntersuchungen nur die Stube verputzt, Flur und Kammern zeigten demnach sichtbares, grau gestrichenes Fachwerk mit gelblich gehaltenen Putzflächen. Die Küche war in einem satten Eisenoxidrot gehalten. Geheizt wurde die Stube von der Küche aus, hier stand ein gusseiserner Kastenofen.

Den Hof übernahm schon wenige Jahre nach dem Neubau des Hauses Friedrich Hartmann, der das Anwesen 1865 wiederum

Die Küche im Weidnerhaus, wie sie 1979 vorgefunden wurde

Friedrich Hartmann, der Besitzer des Weidnerhofes um 1880 (Vorlage und Aufnahme: Hauptstaatsarchiv Stuttgart)

an seinen gleichnamigen Neffen aus Gschlachtenbretzingen bei Michelbach/Bilz überschrieb. Dieser jüngere Friedrich Hartmann (1841–1901) spielte jahrzehntelang eine herausragende Rolle nicht nur in seiner Gemeinde Gailenkirchen. Hartmann gehörte der linksliberalen, an den Idealen von 1848 orientierten, oppositionellen Württembergischen Volkspartei an. Ihre Anhänger werden als Demokraten bezeichnet. Im Herbst 1891 nominierten die Öhringer Demokraten Hartmann als Landtagskandidaten. Wider Erwarten kann er sich gegen den bisherigen nationalliberalen Abgeordneten, einen prominenten Landwirtschaftsfunktionär, durchsetzen. Kurz darauf eroberte er sogar dessen Reichstagsmandat für den 11. Württembergischen Wahlkreis (Oberämter Backnang, Hall, Öhringen und Weinsberg). Mehrfach wiedergewählt, gehörte er dem Reichstag bis 1898 und dem Stuttgarter Landtag bis 1900 an. Gesundheitliche Gründe zwangen ihn zum Rückzug aus der Politik, am 13. Juni 1901 stirbt Hartmann in Hall.
Wie stark Friedrich Hartmann seinen eigenen Hof modernisierte und umbaute, lässt sich eher vermuten als nachweisen. Belegt von ihm ist nur der Anbau eines Göpelschuppens an die Scheune 1870 und die Verlängerung der kleinen, dem Wohnhaus gegenüberliegenden Scheune zum Dorf hin. Um Zeit für seine politische Betätigung zu finden, verkauft er 1891 den Weidnerhof an seinen Schwiegersohn Paul Mäule. Unter ihm wurden am Wohnhaus etliche bauliche Veränderungen durchgeführt. Es erhielt neue Fenster und vermutlich auch den Verputz auf dem Sichtfachwerk. Die Ausdingküche wurde zugunsten einer größeren Stube eliminiert, und 1915 wurde nach dem Einbau des großen Viehstalles in die Scheune ein geschlossener Raum für französische Kriegsgefangene, die bei der Landarbeit helfen mussten, vom ehemaligen Stallraum abgezweigt.
Der erhaltene Kaufvertrag von 1891 zwischen Friedrich Hartmann und seiner Ehefrau Rosine einerseits und ihrer Tochter und deren

Bräutigam Paul Mäule andererseits erlaubt einen interessanten Einblick in den Viehbestand eines großen Hofes vor über hundert Jahren. „Gutsbesitzer" Hartmann besaß demnach 3 Pferde, 15 Kühe, Rinder und Kälber, 6 Schweine, 4 Gänse, 30 Hühner mit 1 Hahn und 1 Pfau.

Die besondere Aufgabe des Weidnerhauses im Museum

Das Haus, so wie es sich heute darstellt, ist eine sachgerechte Rückführung in einen meist ursprünglichen Zustand. Bauliche Störungen der jüngeren Zeit im Stallbereich wurden entfernt, Fachwerk freigelegt und ergänzt. Insbesondere wurden dabei die verzierten Eck- und Mittelpfosten, die wegen des späteren Verputzens abgebeilt wurden, wieder nachgeschnitzt, Türen in originale Lage zurückverlegt, die Ausdingküche rekonstruiert und neben weiteren Maßnahmen die beiden kleinen Krüppelwalme nach Befund nachgebaut. Nach vorübergehender Nutzung als Ausstellungsraum dient das Wohnhaus nun hauptsächlich der museumspädagogischen Arbeit. In den vielen abgeschlossenen Räumen des großen Hauses können nebeneinander die verschiedensten Aktivitäten stattfinden. Hier können nach vorheriger Anmeldung typische Arbeiten der früheren Generationen an Originalstücken nachgebauten Geräten erfahren werden, so z. B. die häuslichen Tätigkeiten Weben, Spinnen und Waschen. Hinzu kommen handwerkliche Übungen zum Schablonieren, zur Zimmermanns- oder zur Töpferarbeit. Diese Aktivitäten wurden bewusst auf ein Gebäude am Rande des Museumsgeländes konzentriert, um die Baugruppen mit ihrem historischen Umfeld zu entlasten und um eine Abnutzung der vielen dort vorhandenen originalen Geräte zu vermeiden. Trotz dieser Nutzung als „Lern- und Spielhof" bleibt die Einteilung mit Stube, Stubenkammer und Küche aus der Zeit um 1890 nachvollziehbar, als hier Friedrich Hartmann mit seiner Familie gelebt hat. Es ist die wohl für den Weidnerhof bedeutendste Zeitepoche. Nach dem Brand des „Roten Ochsen" nahm der Weidnerhof von 1993 bis 1996 die Museumsgaststätte auf. Heute ist das Wohnhaus nur bei Aktionen zugänglich.

Gebäudedaten:
Länge x Breite: 18,70 m x 12,30 m
Bauaufnahme der Fassaden im Maßstab 1:50: Rolf Neddermann, Ulrich Müller und Evelin Titz
Farbuntersuchung: Württembergisches Landesmuseum
Bauarbeiten: 1979-1981
Zeitstellung: außen 1840, innen um 1880

Literatur:
Heinrich Mehl, Renschlerhof, in: Mitteilungen des Hohenloher Freilandmuseum Nr. 1, 1980
Heinrich Mehl, Rekonstruktionsbericht Weidnerhof, in: Mitteilungen des Hohen Freilandmuseums Nr. 2, 1981
Hans P. Müller, Friedrich Hartmann aus Schwäbisch Hall-Wackershofen, in Württembergisch Franken, Band 75, Schwäbisch Hall 1991

11b-f Die Nebengebäude des Weidnerhofes

Als das Wohnhaus 1838 neu erbaut wurde, besaß der Hof laut Urkatasterplan zwei Scheunen. Über das Baudatum der großen Scheune (11b), früher Stall und Scheune in einem, ist nichts bekannt. Sie erhielt sicherlich ihren Steingiebel als Brandwand beim Neubau des Wohnhauses. 1870 werden beide rechtwinklig zueinander stehenden Scheunen zusammengebaut und ein offener Göpelschuppen auf der Hofseite geplant. 1906 wird die Scheune auf der Gartenseite um vier Meter verbreitert und in ihrem baulichen Aussehen stark verändert. Als der Hof unter die Obhut des Museums gelangt, führt es diese große Stallscheune in einen älteren Zustand vom Äußeren her zurück. Das Innere wird entkernt und zum heizbaren Veranstaltungsraum ausgebaut. Dabei fällt auch der Zwischenbau zur etwas kleineren Scheune.

Dieses dem Wohnhaus gegenüberstehende Gebäude (11c) ist 1822 neu errichtet worden als dreizonige Scheune mit mittlerer Tenne und zwei seitlichen Barn. 1886 wurde sie zum Dorf hin verlängert. Heute befinden sich darin Magazin, Werkstatt und Heizung. Das Äußere ist rekonstruiert.

Auf der anderen Seite des Hofes steht ein Remisengebäude über Eck (11d) im Bauzustand gegen Ende des 19. Jahrhunderts.

An der Obstbaumwiese hinter dem Wohnhaus wurde ab 1982 ein Hausgarten nach dem Vorbild des Gartens des ehemaligen Gasthauses „Adler" in Kocherstetten nachgestaltet. Die Sandsteinpfosten des Gartens stammen aus Eckartsweiler, der Gartenpavillon (11 e) aus Mangoldsall. Die Gartenfläche ist in vier etwa gleich große Beete aufgeteilt, mit Buchsbaum eingefasst und in der Mitte durch das Rondell betont.

Auf der anderen Seite der Baumwiese, schon auf der Grenze zum Gasthof „Ochsen", versteckt sich unter vier großen, alten Kastanien und Ahornbäumen eine eiserne Gartenlaube (11 f). An diesem Platz soll vor hundert Jahren ein Gartenhaus gestanden sein, in dem Friedrich Hartmann im Sommer seine Reden für den Land- und Reichstag geschrieben haben soll. Die jetzige Laube hatte ursprünglich in Schwäbisch Hall ihren Standort und wurde 1990 an den jetzigen Ort ins Freilandmuseum versetzt.

Hofansicht des Weidnerhofes, die Scheune vor der Rekonstruktion im Zustand von etwa 1900, Aufnahme 1979

Der neu angelegte Garten des Weidnerhofes, im Vordergrund die Gartenlaube aus Mangoldsall (11e)

12a Schulhaus aus Satteldorf, Landkreis Schwäbisch Hall

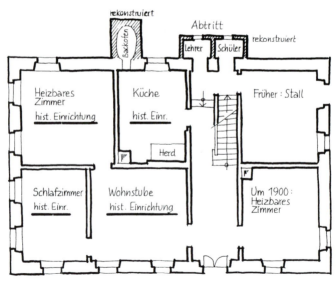

Im Erdgeschoss musste wenig rekonstruiert werden, der ursprüngliche Grundriss von 1828 hat sich weitgehend erhalten.

Ein Schulhaus des 19. Jahrhunderts unterscheidet sich grundsätzlich von heutigen Schulgebäuden: Es war nicht nur Unterrichtsgebäude, sondern beherbergte gleichzeitig die Lehrerwohnung mit dem Stall für die kleine Landwirtschaft der Familie.

Zwei Klassenzimmer für 140 Kinder

Mit dem auf Staatskosten errichteten Neubau im Jahr 1828 hat sich die Schulraumsituation für Lehrer und Schüler in Satteldorf schlagartig verbessert. Im neuen Gebäude standen nun zwei, für die damaligen Verhältnisse großzügige Schulsäle zur Verfügung. Waren davor 132 Kinder in der „Wohn- und Schulstube" des Leh-

Die Aufnahme aus dem Jahr 1957 zeigt das Gebäude, als es als Rathaus genutzt wurde.

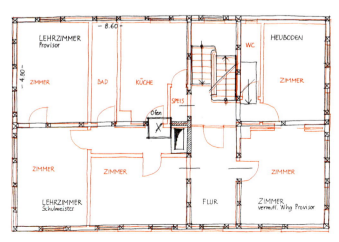

Die beiden Schulsäle im Obergeschoss waren 1915 zur Bürgermeisterwohnung umgebaut worden (rote Wände).

Nicht gerade attraktiv wirkte das Schulhaus zuletzt in Satteldorf mit seinem dicken Verputz, den großen Fensterhöhlen und der schmutzigen Fassade.

rers zu unterrichten, boten die beiden hellen und luftigen „Lehrzimmer" im Obergeschoss nach den seinerzeitigen Vorstellungen ausreichend Platz für 140 Schüler. Im Erdgeschoss unter den Schulräumen gab es Platz für eine Dreizimmerwohnung des Lehrers mit eigener Küche – wenn diese auch nur über den Flur erreichbar war. Rechts vom Flur sind der Viehstall und das Holzlager eingerichtet. Im Obergeschoss waren rechts des Flurs ebenfalls zwei Räume abgeteilt, einmal ein gut belichtetes Zimmer, das als Unterkunft für den Provisor, dem Hilfslehrer, gedient haben mag und dahinter über dem Stall der Heu- und Futterboden für die Tiere der Familie.

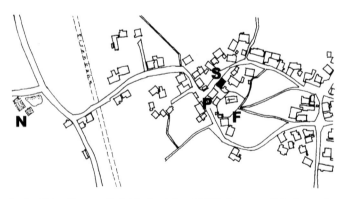

*In der Ortsmitte von Satteldorf entstand 1828 das neue Schulhaus. Im Lageplan sind bezeichnet: **S** = Schulhaus, **P** = Pfarrhaus, **F** = Friedhof, **N** = neues Schulhaus von 1914.*

Die zwei spiegelgleichen Schulsäle im Obergeschoss mit je 45 m² Fläche waren für je 70 Kinder vorgesehen. Wie man sich denken kann, waren diese bald schon zu klein für die steigende Zahl der Schulkinder. 1832 zählte man 162 Schüler, 1844 stellte sich die Situation dramatisch dar: 204 Kinder sollten die Schule besuchen. Der Schulmeister Böcklen musste 118 Kinder unterrichten, seinem 21-jährigen Schulgehilfen Riedt waren 86 zugeteilt. Der Unterricht funktionierte nur noch, weil vormittags und nachmittags Schule gehalten wurde. Beim gemeinsamen Musikunterricht allerdings „muß immer ein Theil stehen", wie die Aufsichtsperson über das Schulwesen, der örtliche Pfarrer, berichtet. Trotz vieler Bittbriefe und Mahnungen nahm die Schulgemeinde keine baulichen Veränderungen vor. Die Schülerzahlen blieben über Jahrzehnte hoch mit dem absoluten Rekord 1888, als sich hier bei zwei Lehrkräften 216 Kinder drängten.

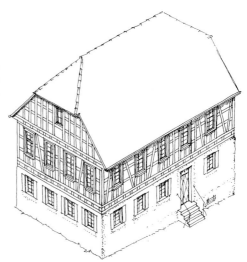

Welch ein Unterschied zum Zustand kurz vor dem Abbau: Die Vogelperspektive zeigt anschaulich die einfachen, aber schmucken Fachwerkfassaden. Dass die Lehrzimmer im Obergeschoss liegen, kann man schon von außen an den hohen Fenstern erkennen.

Vom Schulhaus zum Rathaus

Erst das neue Volksschulgesetz von 1909, das nunmehr nur 60 Kinder in einer Klasse erlaubte, verbesserte die Schulraumsituation für die Satteldorfer nach mehr als sechs Jahrzehnten Enge. 1914 bezog die Schule ein neues Gebäude mit drei Lehrsälen und zwei ständigen Lehrern sowie einem Lehrgehilfen.
Nach dem Auszug der Schule übernahm das Haus die politische Gemeinde Satteldorf und rüstete es mitten im 1. Weltkrieg zu ihrem Rathaus um. Im Erdgeschoss fanden in der ehemaligen Lehrerwohnung die Verwaltungsräume für den Publikumsverkehr Platz, aus den Klassenzimmern im Obergeschoss entstand eine große 5-Zimmerwohnung für den Bürgermeister. Dabei wurde die alte Einteilung weitgehend verändert.
Im Laufe der Zeit war auch die Rathausnutzung nicht mehr befriedigend, es gab ja hier weder einen Sitzungsraum noch ein

Trauzimmer. 1970 bezog die Gemeindeverwaltung in Satteldorf ein neues, großzügiges Rathaus und nutzte das seitdem „altes Rathaus" genannte ehemalige Schulhaus als Wohnhaus in beiden Geschossen. Dabei wurde es im damaligen Sinne modernisiert. Dieser jüngste Umbau bedeutete den stärksten Verlust an historischer Bausubstanz in der bis dahin beinahe 150-jährigen Geschichte.

Nach weiteren zwanzig Jahren war auch die Zeit für die mit Einzelöfen und unzureichender Sanitärtechnik ausgestatteten Wohnungen vorbei. Leerstehend, mit den dunklen Höhlen moderner Fenster, einer unattraktiven, zeittypischen Haustür und dem glatten Außenputz war das Haus neben der Kirche in der Ortsmitte für die Gemeinde keine Zierde mehr. Das Landesdenkmalamt stimmte 1990 notgedrungen einem Abbruch zu und war froh, dass sich das Freilandmuseum bereit erklärte, dieses Gebäude in Wackershofen wieder aufzubauen.

Von Lehrern und ihrem Unterricht

Der erste Lehrer im neuen Schulhaus hieß Christian Andreas Henninger (*1778, Lehrer in Satteldorf 1805-1833). Als geborener Satteldorfer lehrte er seit 1805 in seinem Heimatort. Eine Fachausbildung hatte er nie genossen. Er unterrichtet in Lesen, Schreiben, Rechnen, Singen; das zentrale Fach „Religions- und Sittenlehre" erteilt der Ortspfarrer zweimal in der Woche. Im Sommer findet die Schule frühmorgens von 6 bis 10 Uhr statt. Schulfrei gibt es jeweils 8 Tage in der Heu- und Fruchternte und noch einmal 14 Tage zur Herbstzeit.

Und wie geht es im Unterricht selber zu? Wenn wir einem Bericht aus dem Jahr 1812, also vor dem Umzug in das neue Schulhaus, Glauben schenken wollen, so war alles bestens für die Kinder ge-

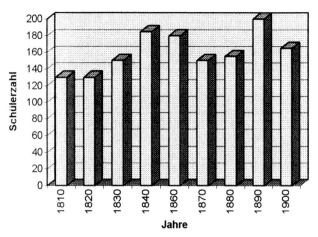

Diagramm: Die stark schwankenden Schülerzahlen Satteldorfs im 19. Jahrhundert dokumentiert diese Tabelle.

Exakt nach den Richtlinien zum Einrichten von Klassenzimmern ist der westliche Schulsaal mit „Subsellien" unterschiedlichen Alters möbliert.

richtet: „Seine [also Henningers] Lehrart richtet sich nach der Fähigkeit seiner Schüler, und er ist gewohnt immer von dem leichteren zum schwereren überzugehen. In Absicht der Schulzucht schreitet er niemals zu härteren Mitteln, ohne zuvor die gelinderen versucht zu haben; und straft nie unverdienter weise wie in der Leidenschaft und wie, daß er der Gesundheit oder den Sinnen Werck zeugen nachteilig werden könnte; immer aber mit einer Miene des Mitleids und der Wehmuth..." Angemerkt wird dabei auch, dass es die Kräfte eines Schulmeisters übersteige, 130 Kinder zu unterrichten.

Neben dem üblichen Unterricht, an dem alle Kinder bis zum 14. Lebensjahr teilnehmen müssen, wird vom Schulmeister noch die Sonntagsschule gegeben, die von der Konfirmation bis zum 18. Jahre besucht werden muss. Sie findet sonntags von 12 bis 13 Uhr statt, abwechselnd für beide Geschlechter. Hier soll das in der Schule Erlernte gefestigt, Auswendiglernen geübt und die „erwachsene Jugend" gefördert werden.

1850, als Johann Böcklen (*1795, Lehrer in Satteldorf 1836-1869) Schulmeister ist, beleuchtet der Bericht von Pfarrer Löffler schlaglichtartig den Zustand des Unterrichts in einer Dorfschule in der Mitte des 19. Jahrhunderts: „Bei der ohnehin kurzen Zeit, welche die Schüler in der Schule zubringen, gehen die Meisten zu viel müßig. Den Schülern sollte auch dann eine Beschäftigung wenn auch eine stille, gegeben werden, wenn der Lehrer ohne seine Schuld ? Stunde vom Unterricht abgehalten ist. Unerlaubte Schulversäumnisse kommen von Kindern von Satteldorf u. Burleswagen wenig vor, desto häufiger von Neidenfelser Kindern. Mangel an nöthigen Kleidern, Schuhen u. Nahrung, Gleichgültig-

175

keit der Eltern tragen die Schuld. Der Bettel ist in gegenwärtiger Zeit der Noth für viele fast unvermeidlich, wenn sie nicht verhungern wollen. Durch die Verabreichung von Suppen wurde eine Zeitlang auch von den ärmsten Kindern die Schule fleissiger besucht. Alle Abschreckungsmittel: Züchtigung der Kinder in der Schule, Gefängnisstrafen der Eltern waren bis jetzt fruchtlos."

Wesentlich häufiger als die Lehrer wechseln die Lehrgehilfen, Provisor oder unständige Lehrer genannt. So hat Christian Maurer 19-jährig seine erste Junglehrer-Stelle 1854 in Satteldorf angetreten. Über ihn schreibt der Pfarrer: „Er unterrichtet 80 Schüler von 6-9 Jahren. Seine Gaben sind z[iemlich] gut, Fleiß recht gut, er unterrichtet mit praktischem Geschick u. nach methodischem Gang, die Schulzucht handhabt er nicht durchgreifend genug, er bildet sich unter Anleitung des Geistl. [ichen] mit einigem Eifer fort, ...er nimmt fleißig Theil an den Meßnergeschäften." Schon drei Jahre später ist ein neuer Lehrgehilfe beschäftigt, der wiederum nur für drei Jahre während seiner Ausbildung bleibt.

Wie hat die Wohnung einer Lehrerfamilie früher ausgesehen?

Wir besitzen eine genaue Beschreibung des Zustandes der Lehrerwohnung von 1908. Diese war Grundlage für die historisch getreue Wiederherstellung der Wohnungsausstattung. Von daher wissen wir, dass die drei Zimmer im Erdgeschoss, die Stube, das Schlafzimmer und das heizbare Zimmer in der Ecke mit Tapeten versehen waren, auf dem Lande eine unüblich aufwendige Wandgestaltung. Die entsprechenden Möbel entstammen einem Inventar des dort einstmals lebenden Lehrers Wiedenhöfer, wie

Die nach Vorbildern eingerichtete Wohnung strahlt mit den tapezierten Wänden und dem Klavier schon etwas von der bürgerlichen Bildung des Lehrers aus.

es nach seinem Tode 1895 aufgenommen wurde. Er besaß als Besonderheit drei verschiedene Kommoden, ein Klavier, ein Sofa und eine Kiste mit alten Büchern.

Historisches Schulzimmer und moderner Schulungsraum

Im Freilandmuseum ist das Satteldorfer Schulhaus heute nur mit einem historischen Klassenzimmer eingerichtet, das andere wird als modern ausgestatteter Tagungs- und Schulungsbereich genutzt und ist für die Besucher daher im Regelfall nicht zugänglich. Im Lehrsaal musste Platz gefunden werden für die alten „Subsellien", die früher üblichen Schulbänke mit dem angebauten Pult und den Holzklappsitzen. Mit den beim Hohenloher Freilandmuseum über Jahre gesammelten Schulmöbeln war es möglich, genau nach den Vorschriften über die Möblierung der Schulsääle den Raum so einzurichten, wie er um 1910 ausgesehen haben muss. Die drangvolle Enge, die in den Berichten immer wieder geschildert wird, kann mit den 51 Sitzplätzen, dem kleinen Lehrerpult auf dem Podest und dem in der Mitte stehenden Ofen gut nachvollzogen werden.

Gebäudedaten:
Länge x Breite: 16,15 m x 10,50 m
Abbau: 1993/94, Translozierung in wandgroßen Elementen, Teile der Geschossdecke in einem Stück, Dachstuhl zerlegt.
Bauaufnahme: Hohenloher Freilandmuseum, Gerhard Leibl
Farb- und Putzuntersuchung: Annette Bischoff, Schwäbisch Hall
Wiederaufbau: 1995–97
Zeitstellung: Lehrerwohnung und Lehrzimmer um 1900, Tagungsräume im Obergeschoss modern

Literatur:
Mitteilungen des Hohenloher Freilandmuseums Nr. 16, 1995 mit folgenden Aufsätzen:
Albrecht Bedal, „Zwei schöne und geräumige Zimmer". Zur Baugeschichte des Satteldorfer Schulhauses
Sibylle Frenz, „ …im Amte fleißig, in seiner Ehe friedlich, bei der Gemeinde beliebt". Die Satteldorfer Lehrer in Pfarrberichten
Fritz Gramm, Alle Unterrichtsfächer wurden von einem Lehrer erteilt. Als Lehrer an einer Dorfschule
Elmar Hahn, Die Schulbankfabrik von Jakob Kottmann
Gerhard Leibl, Fliegende Klassenzimmer. Die Translozierung des Schulhauses aus Satteldorf
Emma Vogt, Aus meiner Schulzeit 1923 bis 1930. Schülerin in der Dorfschule in Gailenkirchen
Michael Weihs u. a., Scherben, Holzkohle und ein Feuerstein. Spuren aus Satteldorfs Geschichte unter dem alten Schulhaus
Mitteilungen des Hohenloher Freilandmuseums Nr. 17, 1996 mit folgenden Aufsätzen:
Sibylle Frenz, „Der Aufgang zu den Lehrzimmern führt durch den Wohnstock des Lehrers". Wohnverhältnisse der Lehrersfamilie im Satteldorfer Schulhaus
Sibylle Frenz, Moderner Schulungsraum neben historischem Klassenzimmer

20a Winzerhaus aus Sachsenflur, Stadt Lauda-Königshafen, Main-Tauber-Kreis

Als erstes Gebäude der Baugruppe „Weinlandschaft" entstand ein kleines, einstöckiges Wohnhaus. Es stammt aus den ehemalig badischen Landesteilen des Main-Tauber-Kreises, aus dem Dorf Sachsenflur. Dieser Ort im unteren Umpfertal liegt im Übergangsgebiet zwischen dem von Weinbau geprägten Taubergrund im Osten und dem Bauland mit seiner dominierenden Landwirtschaft im Westen. Der Weinbau in Sachsenflur wurde stets in Verbindung mit dem Anbau von Feldfrüchten betrieben. Im Dorf reihen sich die Häuser hauptsächlich an der Hauptstraße entlang und stehen großteils giebelständig. Sie haben durchweg große Keller für die Lagerung des Weins. Im Regelfall sind die Scheunen quer zum Wohnhaus als Abschluss des Hofes errichtet, vorne zur Straße zu war ein niedriges Hoftor mit Fußgängerpförtchen angebracht. Durch die hier übliche Realteilung sind die ursprünglichen Hofanlagen fast völlig verschwunden, auch unser Haus war einmal im Besitz von drei Familien.

Haus des 16. Jahrhunderts

Bei seiner Entdeckung durch das Hohenloher Freilandmuseum war das Haus vom Einsturz bedroht und seit Jahren unbewohnt. Ein Vorbesitzer hatte sich mit der Renovierung übernommen und eine halbe Ruine ohne Fenster und mit herausgeschlagenen Innenwänden hinterlassen. Das Fachwerkhaus zeigte sich vor Ort als ein Doppelwohnhaus, dessen Einteilung mit je zwei Stuben, Küchen und Kammern einer baulichen Veränderung um 1900 zu verdanken war. Im Grunde stammen aber das tragende Gerüst, der gesamte Dachstuhl sowie der große gewölbte Keller aus dem 16. Jahrhundert. Wie die dendrochronologische Untersuchung (Jahrring-Analyse) des verbauten Holzes ergab, wurde das Haus im Jahr 1562 neu erbaut. Der bauliche Zustand dieses

Das Sachsenflurer Haus im Jahr 1978 am alten Standort (Aufnahme Lutz)

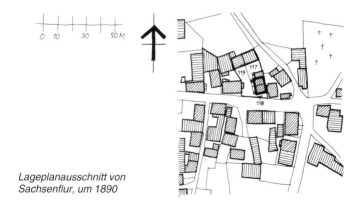

Lageplanausschnitt von Sachsenflur, um 1890

Ursprungsbaus konnte weitgehend rekonstruiert werden, er war als „Einfamilienhaus" konzipiert mit der großen Stube im Hauseck, der dazugehörenden Stubenkammer und der zwischen beiden Räumen hineingeschobenen Küche, die vom traufseitig angelegten Flur zugänglich ist. Die linke Zone hat zwei Kammern beherbergt, wovon eine eventuell der Stall gewesen ist

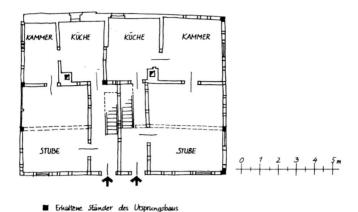

■ Erhaltene Ständer des Ursprungsbaus

Grundriss des Erdgeschosses im letzten Zustand in Sachsenflur

Die Holzkonstruktion zeigt typische Merkmale des süddeutschen Fachwerkbaus des 16. Jahrhunderts mit den weiten Ständerstellungen, den geschosshohen Streben, die mit ihrem oberen Ende direkt an die senkrechten Pfosten angelehnt sind und mit der Verzapfung bei den Holzverbindungen. Die Außen- und Innenwände sind im allgemeinen mit Lehmflechtwerk ausgefacht, nur der Dachgiebel auf der Straßenseite war von Anfang an mit Bruchsteinen geschlossen. Die beiden Außenwände der Stube weisen eine besondere Konstruktion auf. Aufgrund der wenigen Befunde muss man davon ausgehen, dass diese Wände mit senkrecht eingestellten Dielen zwischen den Balken gefüllt wurden, die auf der Außenseite einen dicken Lehmschlag erhielten, auf der Innenseite aber sichtbar blieben. Im Gegensatz zu den Häusern Hohenlohe-Frankens mit ihren hölzernen Spunddecken ist die Stubendecke im Sachsenflurer Haus ganz einfach als Holzbalkendecke mit dazwischengeschobenen Lehmwickeln ausgeführt. In der Deckenbalkenanlage über der Küche hat sich der ursprüngliche, aufgesetzte weite Kamin in Spuren erhalten; seine verengende Führung bis in die obere Bühne in Fachwerkkonstruktion konnte sicher nachgewiesen werden.

Wiederaufbau im Museum

Da das Erdgeschoss in großen Bereichen schon vor Ort zerstört war, musste in jedem Fall – ob man nun den älteren oder den letzten Zustand zeigen will – viel ergänzt werden. Die Untersuchungen am Holzgefüge ließen den baulichen Zustand des Ursprungsbaus von 1562 weitgehend erkennbar werden. So wurde mit gutem Grund beschlossen, das erste Mal im Museum ein Wohnhaus nach Befund unter größtmöglicher Verwendung der vorhandenen Hölzer zu rekonstruieren und in den ursprünglichen Bauzustand zurückzuführen. Lage und Größe der Fenster und

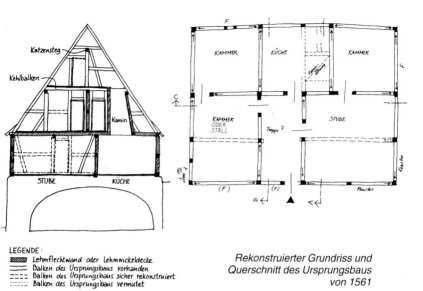

Katzensteg

Kehlbalken

Kamin

STUBE   KÜCHE

KAMMER   KÜCHE   KAMMER

F

C

KAMMER ODER STALL   Treppe ?   STUBE

Fenster

(F)   (F)   Fenster

LEGENDE:

▨▨▨ Lehmflechtwand oder Lehmwickeldecke
═══ Balken des Ursprungsbaus vorhanden
──── Balken des Ursprungsbaus sicher rekonstruiert
┄┄┄ Balken des Ursprungsbaus vermutet

Rekonstruierter Grundriss und
Querschnitt des Ursprungsbaus
von 1561

Perspektivische Ansichtszeichnung mit den beim Abbau noch erhaltenen
Originalhölzer vom Ursprungsbau (grau unterlegt)

Im Inneren ist das Gebäude im Museum teilweise aufgeschnitten, um die Konstruktion eines historischen Fachwerkbaus zeigen zu können.

Türen, von Treppe und Kamin konnten gesichert festgelegt werden. Die Fenster und Türen wurden nach anderen Beispielen aus dem 16. Jahrhundert frei rekonstruiert, da keine Teile mehr auf ihr ursprüngliches Aussehen hinwiesen. Restliche Farbbefunde, im Dachboden und am Straßengiebel gaben Hinweise auf die ursprüngliche Farbfassung in Rotbraun mit schwarzem Begleitstrich.

Der Umstand, dass dieses Haus aus dem 16. Jahrhundert gar nicht mehr im originalen, zeittypischen Zustand eingerichtet werden kann – unsere Kenntnisse über das Mobiliar eines Bauernhauses aus dieser Zeit sind äußerst gering – verhalf dem Hohen-

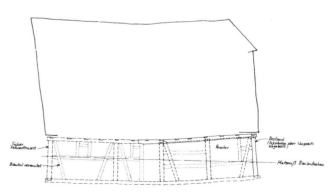

loher Freilandmuseum zu einer neuartigen Konzeption: das Sachsenflurer Haus wird zu einem sprechenden Architekturdenkmal, das alte Bauformen, Techniken und Materialien dem Besucher verdeutlichen will. Aufgeschnittenes Gewölbe und geöffnete Wände mit den Lehmflechtwänden und der Lehmwickeldecke zeigen auch ohne große textliche Erläuterung den Werdegang beim Bauen eines solchen Gebäudes. Zusätzliches Bild- und Schriftmaterial kommentiert Konstruktion und Geschichte des Hauses für den bautechnisch interessierten Besucher.

Gebäudedaten:

Länge x Breite: 11 m x 8,30 m
Abbau: 1986, zerlegt in Einzelteile
Bauaufnahme: verformungsgerecht im Maßstab 1:25: Göbel/ Reinecke, Neumarkt-St. Veit
Farb- und Putzuntersuchung: Ernst Stock, Schwäbisch Hall
Dendrochronologische Bestimmung: 1561/62, Lohrum/Bleyer, Ettenheimmünster
Wiederaufbau: 1986-88, eröffnet seit der Museumssaison 1989
Zeitstellung des Gebäudes: 2. Hälfte 16. Jahrhundert
Rekonstruktion der Fenster, Läden und Türen: Rolf Hekeler, Beuren

Literatur:

Mitteilungen des Hohenloher Freilandmuseums Nr. 8, 1987, mit folgenden Aufsätzen:
Rolf Lutz, Zu Geschichte und Dorfbild von Sachsenflur
Heinrich Mehl, Ein Winzerhaus aus Sachsenflur im Hohenloher Freilandmuseum
Albrecht Bedal, Das Winzerhaus Sachsenflur, ein bemerkenswerter Bau des 16. Jahrhunderts
Werner Sasse, Freilandmuseum und die Präsentation kulturhistorischer Sachverhalte, in: Museumsblatt 4, 1991, herausgegeben von der Landesstelle für Museumsbetreuung in Zusammenarbeit mit dem Museumsverband Baden Württemberg
Werner Sasse, Ein sprechendes Architekturdenkmal, Kleine Schriften des Hohenloher Freilandmuseums Nr. 4, 1991

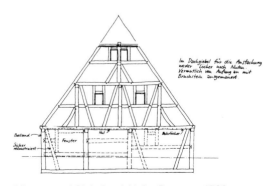

Rekonstruierte Längen- und Giebelansicht des Baus von 1561

20b Zehntscheune aus Oberlauda, Stadt Königshofen, Main-Tauber-Kreis

Die Höfe im fränkischen Weinland sind häufig rückwärts gegen das freie Land mit einer querstehenden Scheune abgeschlossen. Eine zum Sachsenflurer Haus passende dreizonige Fachwerkscheune aus der Region Tauber übernahm das Freilandmuseum aus Oberlauda, die dort in enger Ortslage stand. Sie war nicht durch Stalleinbauten im Laufe des 19. Jahrhunderts entstellt.

Bei den archivalischen Untersuchungen stellte sich heraus, dass es sich bei dieser Scheune um die ehemalige Zehntscheuer der Fürstlich-Leiningischen Standesherrschaft und dem Königlich-Bayerischen Julius-Spital Würzburg handelt, denn von diesen Eigentümern hat nach der Zehntablösung 1843 der Landwirt Josef Michael Oehmann die Scheuer gekauft. Von da ab blieb sie im Besitz dieser Familie.

Die mangelnde Pflege vor Ort hat ein fast unverfälschtes Nebengebäude mit dem Baujahr 1700 auf unsere Zeit überdauern lassen. Nur das Vordach über dem Tor ist eine jüngere Zutat des 20. Jahrhunderts; wie vor Ort ist es im Gegensatz zum alten Ziegeldach mit jungen Betondachsteinen gedeckt. Typisch für die Region Main-Tauber ist die ausschließliche Verwendung von Eichenholz auch für die langen Balken der Decken und des Daches. Auf der Wetterseite trägt die Scheune einen Lehmputz.

Die ehemalige Zehntscheune kurz vor ihrem Abbau 1991 in Oberlauda

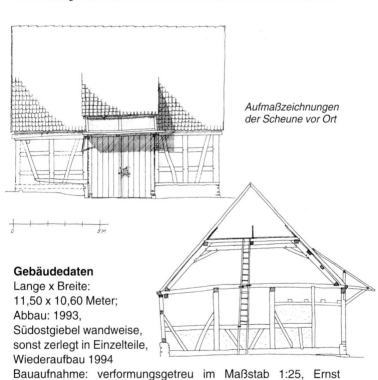

*Aufmaßzeichnungen
der Scheune vor Ort*

Gebäudedaten

Lange x Breite:
11,50 x 10,60 Meter;
Abbau: 1993,
Südostgiebel wandweise,
sonst zerlegt in Einzelteile,
Wiederaufbau 1994

Bauaufnahme: verformungsgetreu im Maßstab 1:25, Ernst Schneider, Würzburg

Dendrochronologische Bestimmung: 1699/1700, Hansjürgen Bleyer, Metzingen

Literatur:

Wolfgang Haas, Zur Geschichte der Zehntscheune aus Oberlauda, in: Mitteilungen 15, 1994

21b Scheune aus Klepsau, Gemeinde Dörzbach, Hohenlohekreis

Charakteristisch für die Weinorte ist deren enge Ortslage, die nicht immer die üblichen Hofanlagen mit rückwärtiger, querstehender Scheune zulässt. So kommt es nicht selten vor, dass eine längsaufgeschlossene Scheune, also mit der Tenneneinfahrt im Giebel, direkt an die Ortsstraße gebaut wird. Eine solche Scheune wurde vom Museum in Klepsau entdeckt. Bei der üblichen Untersuchung ergab sich, dass es sich dabei um eine sehr alte Scheune aus Eichenholz mit Lehmflechtwänden handelt, in die später ein balkenüberdeckter Keller mit gesondertem Zugang von der Straße aus eingebaut wurde. Erbaut wurde die Scheune 1514, ein sehr frühes Datum für diese Art der Fachwerkkonstruktion.

Beim Wiederaufbau wurde lediglich der rückwärtige, junge Wandabschluss nach dem Vorbild des vorderen Giebels rekonstruiert. Es ist deutlich zu erkennen, dass die ursprüngliche Schwellenlage nachträglich erhöht wurde, da die Schwellen durch die aufsteigende Feuchtigkeit verfault waren.

Rechts neben dieser Scheune wird eines Tages ein dazugehöriges Wohn-Stall-Haus aus der Region des Jagsttales erstellt werden.

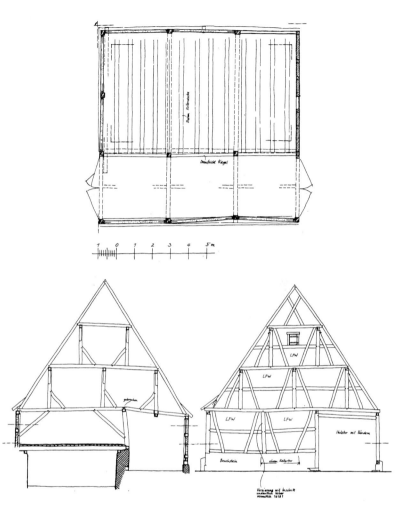

Grundriss, Querschnitt und Ansicht aus der Bauaufnahme

Gebäudedaten:
Länge x Breite: 11 m x 10 m
Abbau: 1988, Straßengiebel in ganzen Wandteilen transloziert, sonst zerlegt in Einzelteile
Bauaufnahme verformungsgerecht im Maßstab 1:50: Städtisches Hochbauamt Schwäbisch Hall, Albrecht Bedal
Dendrochronologische Datierung der Innenstützen: 1513/14, Lohrum/Bleyer, Ettenheimmünster
Wiederaufbau: 1989/90
Zeitstellung des Gebäudes: Zustand um 1900 mit Rekonstruktion des Rückgiebels und des Kellertores

22a Wohn-Stall-Haus aus Verrenberg, Stadt Öhringen, Hohenlohekreis

Am südöstlichen Ortsrand stand im bekannten Weinbauort Verrenberg ein eingeschossiges, massives, barockes Haus parallel zur Straße. Entgegen dem sonst hier üblichen Haustyp mit der giebelseitigen Ausrichtung und dem gestelzten Wohngeschoss über dem großen und hohen Keller war dieses Haus nahezu ebenerdig erschlossen. Über dem Kellerbogen ist es inschriftlich „1717" datiert; das heutige Aussehen mit den leicht unterschiedlichen Fenstern, dem gemauerten Giebel und der deutlich erkennbaren Verlängerung haben mehrere nachfolgende Generationen geformt. Anfänglich gab es Vermutungen, das Haus könnte aufgrund seiner im Innern erhaltenen Fachwerkkonstruktion und seines Dachgerüstes deutlich älter als die Inschrift sein. Jedoch bestätigten die ersten Nachforschungen, dass das Gebäude wirklich erst um diese Zeit errichtet wurde. Eine erhaltene Karte der Gemarkung Verrenberg von etwa 1680 verzeichnet unser Haus noch nicht. Auch die Jahrringuntersuchung des verwendeten Bauholzes ergibt kein älteres Baudatum.

Kleiner Abriss der Hausgeschichte

Aus der Anfangszeit dieses Hauses existieren vier unterschiedliche Jahresangaben, die zwar zeitlich zusammenhängen, jedoch bei solch einem bescheidenen Bauwerk verwundern. Über vier Jahre lang müsste demnach daran gebaut worden sein: Im Winter 1712/13 wurde das Holz des Kernbaus gefällt, zwei auf dem Dach geborgene Biberschwanzziegel tragen die Jahreszahl 1713 und 1714, und im Kellertorbogen aus Sandstein ist die Jahreszahl 1717 eingemeißelt. Die Initialen des Bauherrn

Das Wohnhaus in einer Aufnahme um 1920, rechts ist die 1980 abgerissene Scheune zu erkennen.

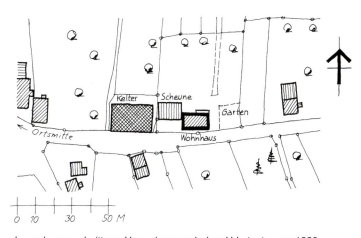

Lageplanausschnitt von Verrenberg nach dem Urkataster von 1830

Diese Rekonstruktion zeigt das ursprüngliche Aussehen des Hauses um 1714/17. Die aus dieser Zeit stammenden Hölzer sind schraffiert, die spätere Erweiterung gestrichelt eingezeichnet.

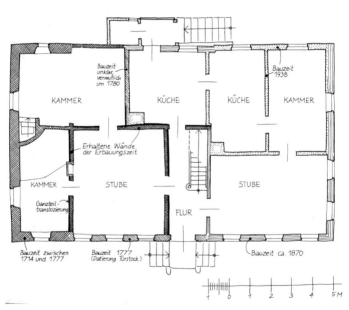

Der Grundriss des Erdgeschosses im Baualtersplan zeigt den Zustand zur Zeit des Abbaus.

stehen mit „TWM" ebenfalls im Schlussstein des Kellertores. Sie konnten aufgrund des gefundenen datierten Dachziegels von 1714 entschlüsselt werden, denn hier steht sein voller Name: „Johann Tomas Waimann zu Verrenberg". Über ihn selber besitzen wir keine Informationen. Er muss schon Weingärtner gewesen sein, denn auf dem Kellerbogen ist zusätzlich noch eine Weintraube dargestellt. Johann Waimann hat damals

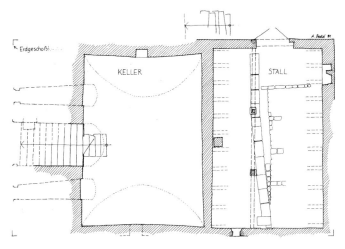

Grundriss Untergeschoss mit dem gewölbten Keller und dem später eingebauten Stall

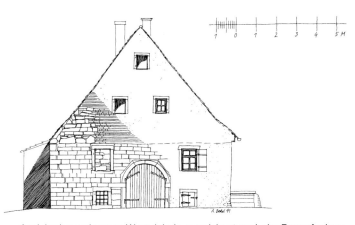

Ansicht des steinernen Westgiebels, gezeichnet nach der Bauaufnahme

In der Stube links vom Flur konnten für die 2. Hälfte des 19. Jahrhunderts aufgrund restauratorischer Untersuchungen 10 verschiedene Farbfassungen an Wand und Decke freigelegt werden. Im Museum sind sie teilweise rekonstruiert.

dieses Haus außerhalb des Ortsetters erbaut mit seinem First parallel zur Straße. Es sieht so aus, als ob er damals aus der engen Ortslage ausgesiedelt sei. Die Lage neben der Kelter und am Weg in die Weinberge dürfte für einen Weinbauern nicht die schlechteste gewesen sein.

Wie die intensiven Nachforschungen beim Ab- und Wiederaufbau ergeben haben, hatte das Haus seinerzeit, um 1720, ein ganz anderes Gesicht: Es war für die damaligen Verhältnisse ein auf einen Kleinbauern zugeschnittenes modernes Bauernhaus mit dem typischen Wohnteil aus vier Räumen (Stube, Schlafkammer, Küche und Flur) mit einem direkt daneben liegenden landwirtschaftlichen Teil aus Scheune und Stall. Entgegen dem heutigen Aussehen entstand es damals als ein gestelztes „Einhaus" mit Wohnung, Stall und Scheune unter einem Dach. Seine Außenwände waren durchweg in Fachwerk konstruiert. Die ehemalige westliche Außenwand hat sich unter jüngeren Putzschichten weitgehend erhalten.

Dieses relativ kleine Gebäude dürfte spätestens 1777 verlängert und in seiner Raumzuordnung stark verändert worden sein. Dieses Datum wird durch eine Jahrezahl im massiven Eingangstürstock belegt. Dabei ersetzte der Besitzer „JJM" die hölzernen Außenwände durch massive Mauern mit schönen Fenstergewänden.

Seit Ende des 18. Jahrhunderts ist das Anwesen nachweislich über fünf Generationen bis in die Gegenwart hinein im Besitz der Familie Bort. Die Bort werden anfänglich als „Söldner", später als „Bauern" in den Registern geführt. Johann Michael Bort (1770-1852) übernahm den Hof 1794. Er wird als Schultheiß in Verrenberg genannt.

Als, wie üblich im Laufe des 19. Jahrhunderts, sich auch bei Borts der Wohnbedarf vermehrte – vielleicht für einen standesgemäßen Austrag – schuf man im landwirtschaftlichen Hausteil Platz für weiterer Wohnraum auf Kosten des Lagerraums und der Tenne. Es ist anzunehmen, dass in dieser Zeit – wohl noch vor Mitte des 19. Jahrhunderts – hier ebenerdig zur bestehenden Wohnung eine weitere Stube und Schlafkammer eingerichtet wurde. Für den Stall darunter blieb nur noch eine lichte Raumhöhe von knapp 1,80 Meter übrig.

Als Leonhard Bort den Hof von seinem Vater 1935 übernahm, wurde das Haus das letzte Mal renoviert. Der rechte Wohnteil, in dem sich im Museum die Besenwirtschaft befindet, baute er zu einer eigenständigen Wohnung mit einer extra Küche aus. Aus dieser Zeit stammen auch die heute rekonstruierten Farbfassungen mit den Rollenmustern in diesem Teil. Als 1938 gegenüber eine neue Stall-Scheune entstand, wurde der enge Stall im Untergeschoss aufgegeben. Seit das Anwesen von 1978 an leer stand, verfiel es immer mehr. Schon 1980 wurde die parallel neben dem Haus stehende alte Scheune abgebrochen, das Haus selber elf Jahre später vom Freilandmuseum abgebaut, womit dieses kulturgeschichtlich bedeutsame Zeugnis vom Bauen und Leben der kleinen Leute auf dem Lande der Nachwelt erhalten werden konnte.

Ende des 19. Jahrhunderts bewirtschafteten die Borts etwa 1,5 ha Wiesen, ebensoviel Äcker und 18 ar Rebfläche, zusätzlich 3 ha Wald. Der Weinbau war damals nicht vorrangig, er diente hauptsächlich der Eigenversorgung, nur wenige hundert Liter wurden nach Öhringen verkauft. An Sorten wurden in Verrenberg in der ersten Hälfte des 20. Jahrhunderts vor allem Riesling und Silvaner angebaut, daneben etwas Lemberger-Trauben.

Vom Weingärtnerhaus zur Besenwirtschaft

Beim Wiederaufbau dieses Hauses mit seiner bewegten Geschichte konnten nicht alle baulichen Erkenntnisse in ein stimmiges Konzept gepackt werden. Da das Haus praktisch aus zwei Wohnteilen besteht, hat sich das Museum entschlossen, diese beiden Teile auch unterschiedlich zu behandeln: Links vom Hausgang ist die Wohnung mit Stube und zwei Schlafkammern so eingerichtet, wie sie von Michael Bort und seiner Familie mit drei Kindern um 1890 bewohnt war. Geöffnete Stellen in der Raumecke zeigen die historische Farbigkeit des ursprünglichen Barockbaus mit einer grauen Fachwerkfassung. Dane-

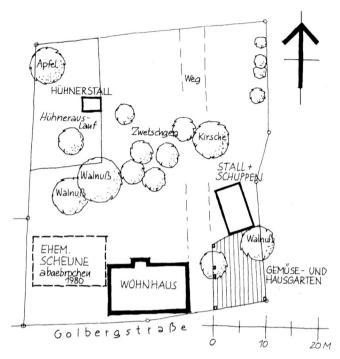

Das Hofgrundstück in Verrenberg mit den Nebengebäuden und dem Hausgarten sowie den verschiedenen Nutzbäumen

ben sind die unterschiedlichsten Farbanstriche, vorrangig blaue und grüne Töne, des späteren 19. und des früheren 20. Jahrhunderts zu sehen. Ebenfalls in den Kammern können die immer wieder wechselnden Farbigkeiten in den Jahrzehnten von etwa 1880 bis um 1940 entdeckt werden. Als gute Ergänzung zum älteren Sachsenflurer Haus gegenüber kann man hier die Weiterentwicklung der Farbigkeit im ländlichen Hauswesen studieren.

Im rechten Hausteil, der sich wie vor Ort vor allem im Bauzustand der dreißiger Jahre befindet, hat das Freilandmuseum seine vor allem am Wochenende betriebene Besenwirtschaft eingerichtet. Wie es früher üblich war, als es noch keine eigenen Bewirtungsräume auf den Höfen gab, wurde die Stube und die Schlafkammer ausgeräumt, um mit „zusammengeborgten" alten und neuen Stühlen und Tischen die maximal zulässige Sitzplatzzahl für vierzig Gäste anbieten zu können.

Gebäudedaten:
Länge x Breite: 15,30 m x 9 m
Abbau: 1991, einige Wandbereiche in Großelementen, sonst zerlegt in Einzelteile
Bauaufnahme verformungsgerecht im M 1:25: Hansjörg Stein, Schwäbisch Hall
Farb- und Putzuntersuchung: Annette Bischoff, Schwäbisch Hall
Dendrochronologische Auswertung: Lohrum/Bleyer, Ettenheimmünster
Archäologische Untersuchung: Schaetz/Bönsch, Vörstetten
Wiederaufbau: 1992-93, eröffnet ab Sommer 1993
Zeitstellung des Gebäudes: spätes 19. Jahrhundert und 1. Hälfte 20. Jahrhundert

Literatur:

Mitteilungen des Hohenloher Freilandmuseums Nr. 14, 1993, mit folgenden Aufsätzen:

Albrecht Bedal, Zum Abbruch gut genug.

Sybille Frenz, Besitzergeschichte von Haus Nr. 25 in Verrenberg.

Ulrich Hahnemann, Dokumentation des Weingärtnerhauses aus Verrenberg.

22b Stall-Scheune aus Möhrig, Stadt Öhringen, Hohenlohekreis

Dem Wengerterhaus aus Verrenberg war eine Stall-Scheune mit Quereinfahrt zugeordnet. Ein von den Ausmaßen ähnliches Gebäude ist die Stall-Scheune aus Möhrig, nur wenige Kilometer von Verrenberg entfernt. Sie wurde 1764 als Scheune der Möhriger Mühle mit massiv gemauerten Umfassungswänden errichtet und besaß damals links und rechts der Tenne je einen Barn. Mit der Ausbreitung der Stallfütterung wurde in der 2. Hälfte des 19. Jahrhunderts im linken Barn ein Viehstall eingebaut, eine typische bauliche Veränderung in dieser Zeit. Zu diesem Umbau gehören der Einbau einer massiven Trennwand mit Futterklappen, einer Stalldecke und vermutlich eines Türgewändes auf der der Straße zugewandten Seite. Bei dieser Maßnahme wurde ebenfalls die rückwärtige Tennenausfahrt geschlossen. Bis dahin war das Gebäude eine Durchfahrtscheune. Noch heute, nach der Versetzung, sind die beiden eingemauerten Eisenbänder zu sehen, die einmal die dortigen Tore hielten. Bemerkenswert an der Scheune ist das etwa 2,40 m auskragende Vordach. Es ist nicht, wie man annehmen möchte, eine spätere Zutat, sondern muss aus der Bauzeit von 1764 stammen. Alle Dachbalken laufen durch und sind nicht gestückelt, selbst die Binderbalken sind in dieser Länge von Anfang an original eingebaut. Nur die angeschleppten Sparren sind jünger, sie dürften um 1900 erneuert worden sein.

Eckstein im Mauerverband mit inschriftlicher Datierung

Die Scheune beim Abbau im Herbst 1990, im Hintergrund das Mühlengebäude

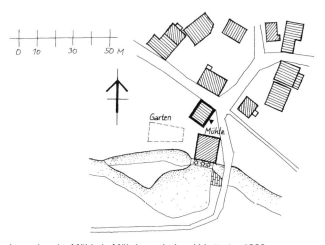

Lageplan der Mühle in Möhrig nach dem Urkataster 1830

197

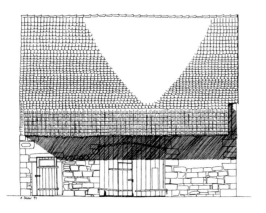

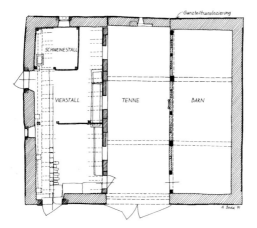

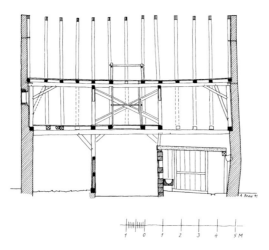

Ansicht, Grundriss und Längsschnitt der Scheune

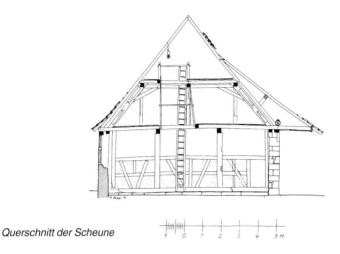

Querschnitt der Scheune

Die massiven Außenmauern wurden wandweise nach Wackershofen versetzt. Das Foto entstand bei der Zwischenlagerung auf dem Parkplatz.

Gebäudedaten:
Länge x Breite: 11,90 m x 9,90 m
Abbau: Winter 1990/91, Translozierung aller massiven Wände in ganzen Teilen
Bauaufnahme: verformungsgerecht im Maßstab 1:25: Hansjörg Stein, Schwäbisch Hall
Wiederaufbau: 1991
Zeitstellung des Gebäudes innen wie außen: letzter Zustand vor Ort, ohne Veränderungen.

23 Gemeindebackhaus aus Beilstein, Landkreis Heilbronn

Seit dem 18. Jahrhundert versuchte die Obrigkeit die Bevölkerung von den Vorteilen gemeinschaftlicher Backhäuser zu überzeugen. Holzersparnis und größere Feuersicherheit gegenüber den Einzelbacköfen waren dafür die Gründe. Aber ohne allzu großen Erfolg! Das junge Königreich Württemberg erließ 1808 eine „General-Verordnung", in der „Kommun-Backöfen" weit entfernt von den öffentlichen Wegen befohlen wurden und innerhalb einer Jahresfrist zu bauen seien. Aber ohne Zwang blieb diese gutgemeinte Vorschrift Makulatur. Je weiter weg von Stuttgart und je kleiner die Dörfer, desto eher wurden diese Anordnungen aus der Landeshauptstadt missachtet. Erst ein neuerlicher Erlass des württembergischen Innenministeriums von 1835, in dem die Vorteile und der Nutzen dieser öffentlichen Backöfen herausgestellt und den Gemeinden zur Durchführung empfohlen wurden, brachte besonders im Unterland um Heilbronn mit seinen engen Dörfern und geringem Waldbesitz die Bürger zum Umdenken.

Planungsfehler und Baumängel

Der Stadtrat von Beilstein zeigte sich dem Wunsch der Regierung aufgeschlossen und beschloss 1836, ein „Bak- und Dörrhaus" zu erbauen. Allerdings kam es zu Verzögerungen, denn die Handwerker weigerten sich, für die von der Stadt Beilstein veranschlagten Preise die Arbeiten zu übernehmen. Erst bei einer erneuten Ausschreibung konnten willige Handwerker gefunden werden. Das ganze Jahr 1838 über wurde nun an dem kleinen Gebäude gemauert, gezimmert und geschreinert. Als es endlich Anfang 1839 in Betrieb gehen sollte, stellten sich so erhebliche Konstruktionsmängel und Planungsfehler heraus, dass es zu großen Teilen wieder abgerissen werden musste. Die Backöfen hielten keine Hitze, das Dach war undicht und die Backküche selber war zu klein. Nach einem weiteren Jahr, Anfang 1840, war es endlich soweit: Vom ersten Tag an wurde es nun nach der Wiedereröffnung, als es sich als funktionstüchtig und praktisch herausstellte, von der Bevölkerung des kleinen Städtchens angenommen.

Nachdem die viel benutzten Backöfen Ende des 19. Jahrhunderts defekt waren und auch ein weiterer Backofen gewünscht wurde, ließ die Stadt das Backhaus im Jahr 1900 erweitern und jetzt drei Backöfen aus Schamottesteinen einbauen. Mit kleinen Veränderungen blieb das Gemeindebackhaus bis Ende 1961 in

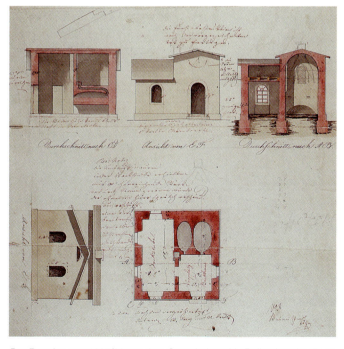

Der Bauplan von 1837/38 aus dem Gemeindearchiv Beilstein zeigt die ursprüngliche Ausführung des Backhauses vor der Umgestaltung des unbrauchbaren ersten Baues. 1900 wurde bei der Erweiterung die Eingangstür in das linke Fenster eingebaut.

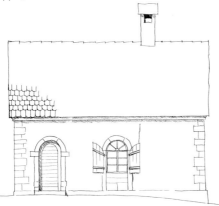

Auch nach dem Wiederaufbau im Museum blieben das ehemalige Türge-
wände als Fenster und die Baufuge erhalten, die die spätere Erweiterung
gut dokumentieren.

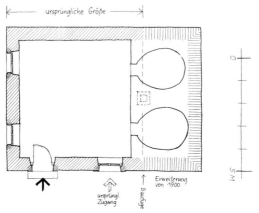

Der Grundriss zeigt die heutige Lage der beiden Backöfen, eingestrichelt
ist die ursprüngliche Größe.

In schon recht verwahrlostem Zustand befand sich das Backhaus kurz
vor seinem Abbau 1983 in der Ortsmitte von Beilstein.

Betrieb. Die Gemeinde ließ danach die Inneneinrichtung heraus-
reißen und verwendete es nun zweckentfremdet als Lagerraum.
Unansehnlich geworden, stand es der Ortssanierung im Wege.

Von Backmeistern und Holzlieferungen

Die Gemeinde Beilstein hat ihr Backhaus einem Pächter gegen
eine geringe Mietzahlung überlassen. Dieser „Backmeister" war
für das Einheizen, das „Einschießen" der Brote und für das Her-
ausnehmen des Gebackenen verantwortlich. Bei ihm, dem Pächter, musste das Backen angemeldet werden, und er erhielt von
den Backenden dafür eine Gebühr. Holz oder Kohlen zum Backen mussten zur Verfügung gestellt werden. Auch die Backzeit
war geregelt, jeder durfte nur drei Stunden zum Einheizen und
Backen aufwenden. Brotbacken war vorrangig, und es sollte
nicht zu „Gunsten feinerer Waaren verzögert oder hintangesetzt"
werden, wie es in der Backhaus-Ordnung 1879 hieß.
Heute im Freilandmuseum wird wie früher vor allem Brot geba-
cken, an manchen Sonntagen gibt es frischen „Blooz" direkt aus
den Holzbacköfen des Gemeindebackhauses zu essen.

Gebäudedaten:
Länge x Breite: 8,80 x 6,50 Meter
Abbau: 1983, Wiederaufbau: 1997

Literatur:
Werner Sasse, „Die Bakeinrichtung hat zwei Oefen". Das Gemeindebackhaus Beilstein
Werner Sasse, Hofbacköfen oder Gemeindebackhaus?
beide Aufsätze in: Mitteilungen des Hohenloher Freilandmuseums Heft
17, 1996

So ähnlich wird es wohl auch früher im Backhaus zugegangen sein, wenn
für das Wochenende Kuchen und Brot eingeschossen wurden.

24a Kleinhaus des Spätmittelalters aus Oberstenfeld, Landkreis Ludwigsburg

Zu den Besonderheiten der Baugruppe „Weinlandschaft" zählt dieses kleine Haus aus dem Unterland. Zuletzt als Garage und Abstellraum genutzt und dafür weitgehend in seiner ursprünglichen Gestalt verändert, kann es dennoch im Freilandmuseum die weit zurückliegende Zeit des 15. Jahrhunderts auf dem Lande veranschaulichen.

Wie in solchen Fällen oft üblich, gelang es den Wissenschaftlern nur über die Holzuntersuchung der verbauten Balken das eigentliche Baudatum zu erfassen: Mit dem Fälldatum 1481/82 ist es das älteste Gebäude, das im Freilandmuseum steht. Und mit seiner Kubatur gehört es zu den kleinsten Wohnhäusern, die wir kennen. Allerdings, wir dürfen uns nicht täuschen lassen, auch für das Mittelalter war dieses Haus ein Kleinstgebäude. Richtige Bauernhäuser aus dieser Epoche zeigen durchaus ähnliche Größenverhältnisse wie die jüngeren Gebäude aus dem 18. Jahrhundert.

Der rekonstruierte Zustand im Museum zeigt an diesem Haus alle typischen Merkmale eines Fachwerkwohnhauses dieser Zeit: Das Fachwerkgerüst mit den umlaufenden Schwellen, die sichtbaren, aber unbehandelten Hölzer, die aus waagerechten Bohlen gebaute hölzerne Stube mit ihrer Spunddecke und der offene Kamin mit Herd im L-förmigen Küchenflur sind charakteristische Baudetails für Häuser aus dieser Zeit im Südwesten Deutschlands.

Der Wiederaufbau dieses Hauses wurde nicht von „Profis" ausgeführt, sondern hier haben Auszubildende des Maurer- und Zimmerhandwerks sowie Bautechniker zusammengeholfen, um in einem Lehr- und Lernprojekt das historische Holzgerüst mit den überblatteten Streben und den verzierten Eckpfosten vorbildgerecht aufzurichten. Die Lehmausfachungen bewerkstelligten Kinder der Grundschule Oberstenfeld. Noch fehlen die Fenster und das Strohdach sowie im Innern ein Kachelofen. Es ist mit seiner puppigen Größe ein „Zwergenhaus" und eignet sich deswegen besonders als Erlebnisraum für Kinder, die hier hautnah Mittelalter fühlen und spielen können.

Gebäudedaten:
Länge x Breite: 6,5 x 5,5 m
Abbau: 1994, zerlegt in Einzelteile;
Wiederaufbau: Seit 1995, großteils als Rekonstruktion

Literatur:
Gerd Schäfer, Altes Haus in jungen Hände, in: Mitteilungen 16, 1995
Ute Ecker-Offenhäußer, Kleinhaus aus Oberstenfeld. Besitzer- und Nutzergeschichte 1482-1995, in: Mitteilungen 19, 1998

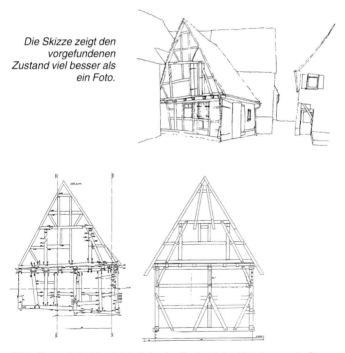

Die Skizze zeigt den vorgefundenen Zustand viel besser als ein Foto.

Giebelfassade im Vergleich: links der Zustand des Kleinhauses in Oberstenfeld vor dem Abbau, rechts die Rekonstruktion und Ergänzung mit dem Schopfwalm

30a Herrschaftliche Kelter aus Oberohrn, Gemeinde Pfedelbach, Hohenlohekreis

Am Beginn der Baugruppe „Weinlandschaft", etwas abseits des Weges unterhalb des Museumsweinbergs, liegt die „Gofmannskelter", die als herrschaftliche Bannkelter des Fürstlichen Hauses Hohenlohe-Öhringen vor Ort bei Oberohrn in einer landschaftlich vergleichbaren Lage stand. Die ältesten bisher aufgefundenen Dokumente erwähnen die Kelter schon 1663 (Renovatur des Amts Michelbach) und 1680 („ Verzeichnis der Gebäude, Gärten, Söldgüter, Waldungen des Amtes Michelbach").

Nach der Zehntablösung wurde sie um 1850 Gemeindekelter, gelangte später in Privatbesitz und wurde in den letzten Jahren als Schafscheuer und zuletzt sogar nur noch als Abstellraum genutzt.

Baugeschichtliche Erkenntnisse

Das altertümliche Erscheinungsbild mit dem großen Vollwalmdach auf einem kaum mannshohen Steinsockel lässt an spätmittelalterliche Bauformen denken. Zwei gegenüberliegende Tore führen in die hohe Halle mit den neun freistehenden Stützen. Diese 4 m hohen Holzpfeiler tragen eine eigene Dachkonstruktion mit zwei liegenden Stühlen übereinander. An diesem „Kernbau", frei hineingestellt in das Sandsteingeviert, wurden die seitlichen, niedrigen Schiffe mit einem angeschleppten Dach angehängt.

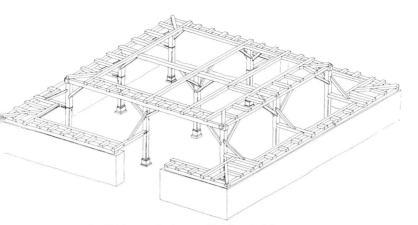

Isometrische Zeichnung der inneren Tragkonstruktion

Die Gofmannskelter am alten Standort zwischen Baierbach und Oberohrn

Obwohl auf den ersten Blick dieses hohe Innengerüst unabhängig vom Steinbau konstruiert erscheint, ist das gesamte Holzgefüge auf die Gesamtsituation mit den „Abseiten" abgestimmt. Die äußeren Einzelstützen haben bis zur Höhe der niedrig anschließenden waagerechten Balken über den Abseiten eine Abfasung, nur die Fasen der Mittelstütze reichen bis zum Ansatz der Kopfbüge hoch.

Interessant am Holzgefüge ist die gemischte Verwendung von Verblattung und Verzapfung bei den Holzverbindungen. Die typologisch ältere Verblattung, bei der die beiden zu verbindenen Hölzer übereinander gelegt und von jedem Stück etwas abge-

Innenansicht nach dem Wiederaufbau im Museum

nommen wird, damit die Oberflächen wieder bündig liegen, ist im Haller Umland schon um 1550 aufgegeben. Die dendrochronologische Datierung, also die Feststellung der Bauzeit über die Jahrringanalyse des verbauten Holzes, die übrigens vom Hohenloher Freilandmuseum das erste Mal an diesem Gebäude durchgeführt wurde, ergab zwei Bauphasen, einmal um 1585 und dann wiederum 1718. Da nur kurze Hölzer aus der älteren Zeit stammen, die Innenstützen, die Balkenlage und der Schwellenkranz auf der Steinmauer aber ziemlich eindeutig auf die Bauzeit 1718 verweisen, muss davon ausgegangen werden, dass die Gofmannskelter unter teilweiser Wiederverwendung älterer Hölzer aus einem Vorgängerbau 1717/18 neu errichtet wurde. Dieses Baudatum wird zusätzlich belegt durch die Entdeckung mehrerer Dachziegel mit der Jahreszahl 1718 beim Abbau.

Um Platz für die zwei hier ehemals aufgestellten großen Kelterbäume zu schaffen, hat die Gofmannskelter keine durchgehende Dachbalkenlage. Nur bei den Bindern im Dachstuhl, den liegenden Stühlen, läuft als Zuganker ein Balken durch. Aber in der rückwärtigen Zone wurde selbst darauf noch verzichtet, damit hier keine Balken über den mächtigen Weinpressen bei der Arbeit stören.

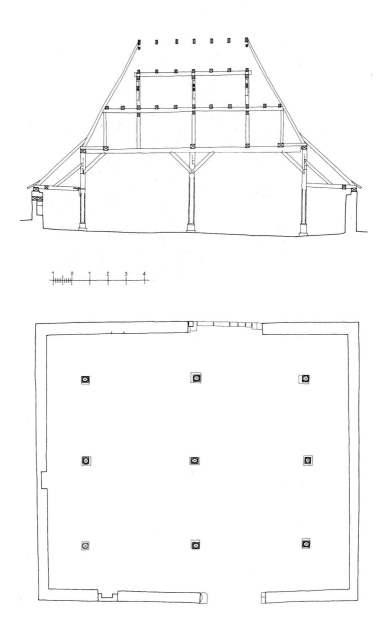

Längsschnitt und Grundriss der Bauaufnahme

Wiederaufbau im Museum

Im Zustand vor Ort besaß die Kelter einen einzigen, nicht unterteilten Raum. Allerdings konnte anhand von Zapflöchern und den eindeutigen Spuren in der Außenwand für eine Tür das sicher ursprünglich vorhandene Kelterstübchen, in dem die Kelterknechte ausruhen konnten, rekonstruiert werden. Nicht übernommen wurde die nachträgliche, recht unfachmännische Erhöhung der niedrigen Einfahrtstore. So entspricht die jetzt in Wackershofen wiederaufgebaute Kelter dem ursprünglichen Bau von 1720.
Im Innern der Kelter sind zwei Baumkeltern aufgestellt, mehrere kleine Spindelpressen und die obligatorischen Fässer.

Gebäudedaten:
Länge x Breite: 17,70 m x 14,80 m
Abbau: 1981, zerlegt in Einzelteile
Bauaufnahme verformungsgerecht im Maßstab 1:50: Albrecht Bedal und Robert Crowell, Karlsruhe
Dendrochronologische Bestimmung: 1585 und 1718, Hans Tisje, Neu-Isenburg
Wiederaufbau: 1982
Zeitstellung: 18. Jahrhundert

Literatur:
Albrecht Bedal, Kelter Oberohrn und Scheune Obereppach. Zwei ländliche Nebengebäude aus Hohenlohe, in: Mitteilungen des Hohenloher Freilandmuseums Nr. 3, 1982

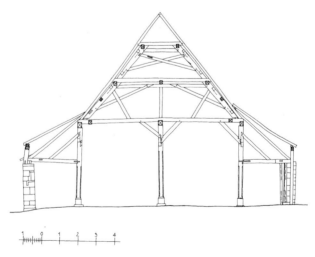

Querschnitt der Bauaufnahme

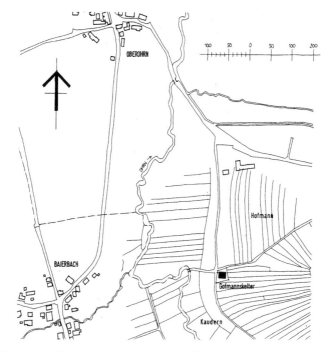

Die Lage der Gofmannskelter in der freien Flur

Detailaufnahme vom Dachstuhl vor dem Abbau 1981

30b Gemeindekelter aus Gagernberg, Stadt Beilstein, Landkreis Heilbronn

Bei den Keltern gab es früher die unterschiedlichsten Formen und Arten. Es waren private Keltern möglich, die mit kleinen Weinpressen auskamen; im württembergischen Gebiet waren aber hauptsächlich große Gemeinde- oder Herrschaftskeltern üblich, die genügend Platz für die Baumkeltern boten.

Während die Gofmannskelter aus Oberohrn im Freilandmuseum den Typ des herrschaftlichen Keltergebäudes vertritt, zeigt das Museum mit dem kleinen Kelterhaus aus Gagernberg eine in Gemeindebesitz befindliche Einrichtung.

Vor Ort in Gagernberg stand die Kelter in der Ortsmitte. Sie musste dort bei der Neugestaltung des Dorfplatzes „Platz machen". Über das genaue Alter des einfachen Fachwerkbaus ist bisher nichts bekannt geworden. Beim Abbau konnten deutlich zwei Bauphasen unterschieden werden, ursprünglich war die Kelter um etwa ein Drittel kürzer. Vom Fachwerkgefüge her zu beurteilen, wird die Kelter wohl am Ende des 18. Jahrhunderts errichtet worden sein und einige Jahrzehnte später den Anbau erhalten haben. Auf der Urkarte 1832 ist das Gebäude in der jetzigen Größe schon aufgenommen. Die kleine Kelter steht heute im Museum unterhalb des neu angelegten Weinbergs. Die ursprüngliche Lage mitten im Dorf, so wie sie ehedem in Gagernberg stand, lässt sich im Museumsgelände nicht mehr verwirklichen. Da über die historisch richtige

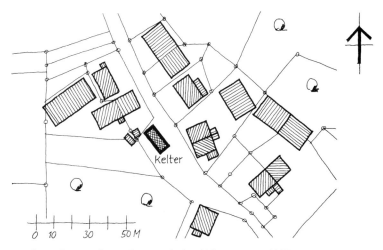

Lageplan von Gagernberg nach dem Urkataster um 1830

Das Keltergebäude in der Ortsmitte von Gagernberg vor dem Abbau

Ausstattung nichts weiter bekannt ist – beim Abbau wurden nur einige eichene Standen, Gölten und Fässer geborgen -, hat das kleine Gebäude im Museum keine Inneneinrichtung erhalten.

Gebäudedaten:
Länge x Breite: 10 m x 4,50 m
Abbau: 1985, zerlegt in Einzelteile
Bauaufnahme im Maßstab 1:50: Hochbauamt der Stadt Schwä-
bisch Hall, Gerhard Leibl
Wiederaufbau: 1986
Zeitstellung des Gebäudes: 19. Jahrhundert

40a Sägemühle aus Schmidbügel, Gemeinde Gschwend, Ostalbkreis

Erstes und bisher einziges Gebäude für das „Mühlental" im Hohenloher Freilandmuseum ist die Sägemühle aus Schmidbügel. Es handelt sich dabei um die typische „Bauernsäge" mit dem schmalen, einfach gebauten Mühlengebäude, das als alleinstehender Bau direkt an der Gschwender Rot stand. Dazu gehörte vor Ort das bescheidene Wohnhaus mit dazugehöriger Scheune sowie das Backhäuschen.

Bau- und Besitzergeschichte

Die Sägemühle in Schmidbügel wird schon 1737 in einer Beschreibung der Reichsgrafschaft Limpurg erwähnt. Nach den Unterlagen der Gebäudebrandversicherung gibt es die Mühle seit 1708. Das jetzige Gebäude kann in seinem Kern durchaus noch auf das 18. Jahrhundert zurückgehen, wenn auch die Holzkonstruktion in großen Bereichen jünger ist. Der Eckpfosten am Eingang trägt die Datierung „1860", die sich auf eine grundlegende Renovierung beziehen kann. In Schmidbügel wurde die Mühle von einem unterschlächtigen Wasserrad mit einem Durchmesser von 3,50 m angetrieben. Als 1953 die Gschwender Rot begradigt und dabei verlegt wurde, stellte man die Säge auf elektrischen Antrieb um. Bis zuletzt arbeitete die Mühle nur mit einem einzigen Sägeblatt, dem Hochgang. 1969 wurde der Betrieb eingestellt. Seit 1877 sind die Besitzer erfasst. Aus der Aktenlage kann man erkennen, dass sie bis 1910 immer nur im Nebenerwerb von Bauern oder Handwerkern betrieben wurde. 1911 erwirbt Gottlieb Klenk, Kübler, Zimmermann und Säger aus Rauhenzainbach, Gemeinde Fichtenberg, die Mühle mit allen Anteilen. Er und sein Sohn, der die Mühle bis zuletzt betrieb, verste-

Die Sägemühle in einer Aufnahme von 1931 mit den frisch angelieferten Stämmen und der geschnittenen Ware

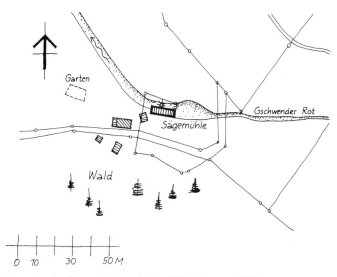

Lageplan der Sägemühle nach dem Urkataster um 1830

Nach dem Wiederaufbau stehen Hochgang und Vollgatter nebeneinander.

hen sich vorrangig als Sägemüller, die Landwirtschaft wird als Zubrot verstanden.

Solange noch mit Wasserkraft gesägt wurde, dauerte ein einziger Sägeschnitt bei einer maximalen Stammlänge von 7 m etwa eine Stunde, später mit dem Elektromotor etwa die Hälfte. Die Tochter des letzten Besitzers Karl Klenk erinnert sich an das mühevolle Arbeiten: „Wir Kinder mussten immer bei den stärkeren Stämmen die Schärre lupfen und dabei 1 – 2 – 3 zählen, dann wieder lupfen usw. Dabei lief die Säge leer und das Sägeblatt konnte wieder schneller laufen."

Vor der Mühle lag der Holzlagerplatz, von dem aus die angelieferten Stämme mit langen Haken über die Rampe gezogen und innen auf den auf Schienen laufenden „Schlitten" gelegt wurden. Kunden waren hauptsächlich die Bauern der Umgebung, die ihr Holz aus dem Wald mit Pferdefuhrwerken heranbrachten.

Die Mühle im Museum

Als die Sägemühle dem Hohenloher Freilandmuseum bekannt wurde, war die gesamte technische Ausstattung schon entfernt worden, nur die Ankersteine für den Wellbaum waren noch vorhanden. Beim Wiederaufbau im völlig anders gearteten Museumsgelände musste sich das Mühlengebäude einige wesentliche Änderungen gefallen lassen. Trieb in Schmidbügel ein unterschlächtiges Wasserrad das Sägewerk an, ist bei uns im Museum nur der Be-

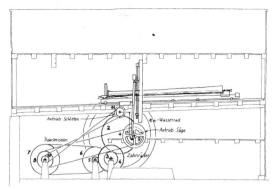

Der Hochgang wird über das Wasserrad angetrieben.

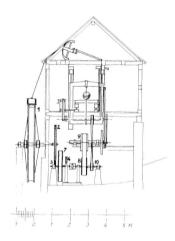

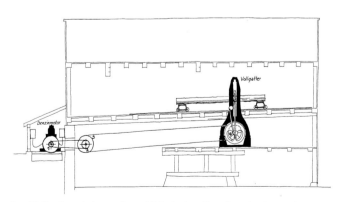

Das Vollgatter wird von einem historischen Benzinmotor bewegt.

trieb mit einem oberschlächtigen möglich. Ein Stauteich musste gebaut werden, der nach ausgiebigem Regen Wasser auffängt und es über eine Rinne dem Rad zuführt. Als Ersatz für den fehlenden Sägemechanismus gelang es, einen entsprechenden älteren Hochgang mit einem Sägeblatt aus der Mosismühle in Bächlingen anzupassen. Die Antriebstechnik dafür findet im unteren Stockwerk mit Schwungrad, Vorgelege und Transmissionen ihren Platz. Aus der abgerissenen Hammerschmiede in Künzelsau-Morsbach konnte das gusseiserne Wasserrad von 1904 geborgen werden, dessen Holzschaufeln rekonstruiert wurden.

Neben diesem älteren Hochgang steht das jüngere Vollgatter vom Anfang des 20. Jahrhunderts, das ebenfalls aus der Mosismühle stammt. Wie in vielen kleinen Sägemühlen üblich, wird das Vollgatter, das gleichzeitig mehrere Sägeschnitte ausführt, nicht von der Wasserkraft angetrieben, sondern von einem Motor. Bei unserer Sägemühle wurde im Maschinenhausanbau ein Benzolmotor der Firma Kaelble aus Backnang eingebaut. Dieser Motor wurde 1921 an eine Sägemühle in Oberrot ausgeliefert. Er leistet als einzylindriger Motor etwa 4 PS. Diese Kraft reicht für den Betrieb des Vollgatters aus. Die Kombination – älterer Hochgang, modernes Vollgatter – war bei vielen Sägemühlen üblich. Beide Techniken hatten lange Zeit nebeneinander ihre Berechtigung. Der in unseren Augen veraltet wirkende Hochgang wurde eben noch ab und zu für spezielle Zuschnitte verwendet. Durch den Einsatz von Motoren wurden die Sägemüller immer mehr zu Maschinisten, was nicht jedermanns Sache war. Jetzt musste man sich nicht nur mit dem Werkstoff Holz und dem Medium Wasser auskennen. Ein solch kompliziertes Gebilde wie der hier eingebaute Benzolmotor verlangte mechanische Kenntnisse und pflegliche Behandlung.

Der einzylindrige Benzinmotor von 1921, eingebaut in das Maschinenhäuschen

Gebäudedaten:

Länge x Breite: 14 m x 5,30 m

Abbau: 1982, zerlegt in Einzelteile

Bauaufnahme: Städtisches Hochbauamt Schwäbisch Hall, Gerhard Leibl

Wiederaufbau: 1983-85

Ergänzung Maschinenhausanbau mit Kaelble-Motor: 1991, Zeitstellung des Gebäudes: um 1920

In der Aufnahme von 1930 wird der räumliche Zusammenhang zwischen Sägemühle und Wohnhaus deutlich, der im Museum noch nicht erreicht ist.

Die Sägemühle in Schmidbügel kurz vor dem Abbau

41 Bienenhäuser aus Lauchheim, Stadt Lauchheim, Ostalbkreis

Etwas versteckt im Museumsgelände, oberhalb einer Streuobstwiese haben die Bienenhäuser aus Lauchheim ihr neues Zuhause gefunden. Da in ihnen Bienenvölker gehalten werden, ist bei einer „Besichtigung" Vorsicht geboten.

1988 sind der Pavillon und der kleine Nebenbau in einem Teil ins Hohenloher Freilandmuseum versetzt worden, 1994 gelangten sie an ihren jetzigen Standort. Dies war nicht die erste Reise, die sie unternommen haben. Immer wenn der Förster und leidenschaftliche Imker Wilhelm Edelmann, der 1905 die Bienenhäuser erwarb, umzog, nahm er sie mit. So waren die Gebäude, bevor sie nach Wackershofen kamen, bereits in Themmenhausen im Schwäbischen Wald, in Tailfingen (Albstadt) und an zwei Stellen in Lauchheim.

Bei unseren Gebäuden handelt es sich um einen einfachen, aus Brettern gearbeiteten Holzpavillon und um einen kleinen Nebenbau. Der Pavillon wurde 1905 von der Firma Graze in Weinstadt-Endersbach hergestellt. Noch heute produziert diese Firma Bienenzuchtgeräte. Im Pavillon selbst finden Kästen für 45, im Nebenbau Kästen für 30 Völker Platz.

Die Gebäude stehen bewusst auf Sockelsteinen, um die Bienen vor „Ungeziefer" zu schützen. In einem Prospekt der Firma Graze von 1922 steht über unser Objekt, das sich gegenüber 1905 nicht verändert hat: „Die Sockel sind aus Zement mit vertiefter Rinne in der

Der Nebenbau im Januar 1988 auf dem Weg nach Wackershofen

Oberfläche, deren äußerer Rand von der inneren Tragfläche überragt wird, hergestellt. Die Rinne kann mit einer, das Ungeziefer abhaltenden Flüssigkeit (Teer, Carbolineum) gefüllt werden." Weiter heißt es darin: „Die Frage, ob freistehender Stapel oder geschlossenes Bienenhaus, wird wohl allgemein zu Gunsten des letzteren entschieden, denn die Vorteile, bei jeder Witterung im geschlossenen Raum an den Stöcken arbeiten zu können, sind überwiegend.

Gebäudedaten:
Länge x Breite: Pavillon 4m x 3 m; Nebenbau 3,50 m x 2,10 m
Abbau: 1988 in einem Stück
Aufbau am neuen Standort: 1994
Zeitstellung des Gebäudes: 1905

Wilhelm Edelmann um 1915 vor seinem Bienenpavillon in Lauchheim, links ist ein weiteres Bienenhäuschen zu sehen.

50a Wohn-Stall-Haus aus Käsbach, Gemeinde Stimpfach, Landkreis Schwäbisch Hall

Ganz oben im Museumsgelände, in unmittelbarer Nähe des Waldes, steht der „Untere Käshof" aus dem Weiler Käsbach bei Weipertshofen. Das mächtige, doppelstöckige Wohn-Stall-Haus mit zwei großen Anbauten ist ein beredtes Beispiel für das Leben und Arbeiten in einer abgeschiedenen Einzel in den waldreichen Höhen der Schwäbisch-Fränkischen Berglandschaft. Mit den drei auffälligen rundbogigen Eingangstüren im gemauerten Untergeschoss erinnert das Haus an ähnlich aussehende Häuser aus dem Nordschwarzwald. Wie dort fand auf dem Käshof das Wohnen im Obergeschoss statt, darunter lag der große Viehstall, durch dessen mittleren Gang ursprünglich die Treppe ins Wohngeschoss führte.

Kurzer Abriss der Hofgeschichte

Der Weiler Käsbach erscheint 1357 erstmals in Urkunden, allerdings ohne Nennung und Bezeichnung der vorhandenen Hofstellen. Nachdem der Landstrich um Crailsheim schon 1399 an den Burggrafen von Nürnberg fiel, dem späteren Markgrafen von Ansbach, gelangte auch „Keßbach" 1437 in dessen Machtbe-

Eine Aufnahme des Käshofes vor den einschneidenden Umbauten der dreißiger Jahre fand sich in der Fotosammlung von Joachim Schülke aus Weipertshofen. Dieses Bild dürfte um 1900 entstanden sein.

reich. Bis 1791 änderte sich daran nichts. In dieser Zeit wurde im Jahr 1585 der „Untere Käshof" neu erbaut und blieb in dieser Gestalt, später versehen mit zwei Anbauten, bis Anfang unseres Jahrhunderts fast unverändert erhalten. Der erste namentlich bekannt gewordene Bewohner war Johann Lösch, zugezogen aus Dollnstein im Altmühltal, der 1674 als „Trompeter und Besitzer" verstorben ist. Zwei Familien – Fuchs und Lehnert – sitzen danach bis Mitte des 19. Jahrhunderts auf dem Hof. Dann blieb er zwei Generationen lang in der näheren Verwandtschaft. Georg Schöppler, Schwager des letzten Lehnert, ließ 1890 den Pferdestall mit einer Wohnhauserweiterung anbauen. Seine Witwe und sein Sohn betrieben die große Landwirtschaft noch bis 1906. Dann verkauften sie den Unteren Käshof an drei Crailsheimer Geschäftsleute, die als „Zwischenhändler" Mühe hatten, den Hof wieder an einen Landwirt zu veräußern. Bei der Übernahme des Hofes durch die heutige Besitzerfamilie im Jahr 1911 war der Hof heruntergewirtschaftet und stark verwahrlost. Mit einem Areal von 60 Morgen zählte er damals zu den größeren Höfen im Umkreis, obwohl zu diesem kaum noch Wald gehörte. Kurz nach dem 1. Weltkrieg dürfte der damalige Besitzer, Heinrich Kaiser, den Austrag neu aufgebaut haben. Als sein Sohn Gottlieb (1908-1981) mit seiner Heirat 1939 den Hof übernahm, hatte er schon den Wohnstock für seine „Zukünftige" renoviert: Bau des Außenaufgangs, damit man nicht mehr durch den Stall in die Wohnung musste, Vergrößerung der Küche auf Kosten der Stube, Einbau dreier Schlafkammern und Einrichtung des elektrischen Stroms. Schon in den sechziger Jahren verlegt man das Vieh aus dem Haus in ein eigenes Stallgebäude. Bei der Hofübernahme baut der Enkel in den siebziger Jahren ein neues Wohnhaus neben dem alten Gebäude, das seitdem leer steht.

Rätsel zum ursprünglichen Aussehen

Die starken baulichen Eingriffe der letzten Sanierung in den dreißiger Jahren hat viele Spuren des Ursprungsbaus, die sich bis dahin erhalten hatten, vernichtet. So gelingt es nicht mehr, die alte Stalleinteilung im Erdgeschoss zu rekonstruieren, da damals alle Bodenbeläge sowie in großen Teilen die Stalldecke durch eine Stahlträgerdecke, gefüllt mit Hourdis-Ziegelkörpern, erneuert

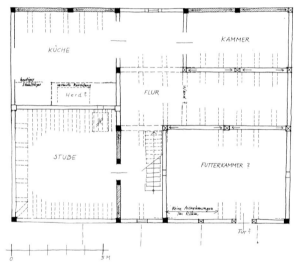

Das Wohngeschoss in der Rekonstruktion des Zustandes um 1585: Der Käshof besaß eine größere Stube und Küche als heute. Rechts vom Flur lagen zwei Kammern und der Futterboden.

wurde. Auch die Innenwände im Bereich der nördlich gelegenen Kammern stammen vollständig aus dieser Zeit sowie die nördliche und östliche Außenwand in Teilen. Die erhaltenen Zapflöcher für die Wandhölzer in den hölzernen Pfetten, soweit sie zugänglich beim Abbau waren, belegen eine ähnliche Raumaufteilung im Obergeschoss wie heute mit den jungen Wänden. Nur über die Nutzung dieses Bereiches müssen wir Vermutungen anstellen. So lässt die rekonstruierbare größere Öffnung in der Traufenwand die Überlegung zu, dass der große Raum zur Straße hin ursprünglich als Futterboden diente. Die Wohnstube auf dem Flur gegenüber war anfänglich noch größer, sie nahm den Platz bis zur Hausmitte ein. Dahinter, getrennt durch die Feuerwand, befand sich die große Küche.

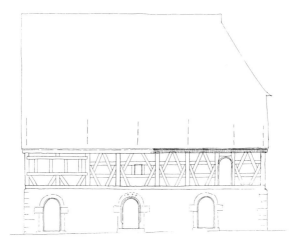

Ansicht der Traufwand zur Straße, wie sie zur Bauzeit um 1585 ausgesehen hat mit dem erhaltenen Rähmbalken (oben) und wie sie sich heute im Zustand von 1939 im Freilandmuseum präsentiert (unten).

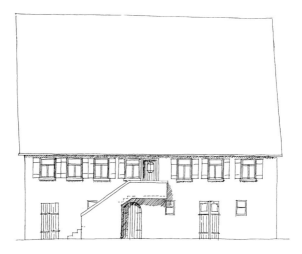

Exemplarisches Beispiel für 400 Jahre Landleben

Wenn auch die Baugeschichte des großen Hofes seit 1585 bis heute noch lange nicht geklärt ist, so wissen wir doch, dass auf diesem Hof neben der eigentlichen Bauernfamilie immer Landarbeiter und Taglöhner gearbeitet und gelebt haben. Aus dem 19. Jahrhundert sind zwei „Inwohner"familien bekannt, so z. B. der Schuhmacher Christian Blümlein aus Honhardt. Aus den Erzählungen der letzten Bäuerin auf dem Hof können wir entnehmen, dass auf dem Unteren Käshof im letzten Weltkrieg sowjetische und polnische Zwangsarbeiter beschäftigt waren wie auf vielen anderen Gütern auch.

Unterschlupf für eine jüdische Familie im Dritten Reich

Dramatisch wurde die Situation für die dort Lebenden, als im April 1945 bei Crailsheim eine große Schlacht geschlagen wurde und der sonst so abgelegene Käshof plötzlich zwischen den Fronten lag. Wochenlang haben damals alle Bewohner, vom Bauern bis zum Kriegsgefangenen, sich im Keller unter dem Anbau vor den Schießereien verborgen. Aber zu dieser Zeit, als der 2. Weltkrieg unmittelbar beim Käshof seine schreckliche Wirkung zeigte, verbargen sich Verfolgte der nationalsozialistischen Diktatur mit Wissen der Bewohner. Monatelang, seit Ende 1944, so ergaben die Recherchen des Freilandmuseums, lebten hier auf dem einsamen Hof eine jüdische Familie und ein amerikanischer Geheimagent.

Im Erdgeschoss war im eigentlichen Baukörper ein großer Viehstall untergebracht, dahinter der Gewölbekeller und links davon der Pferdestall.

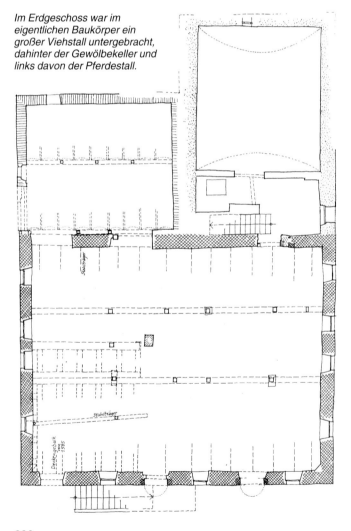

Eine Einrichtung, ganz authentisch nach Befragung

Von Anfang an stand bei diesem Gebäude fest, dass es im Freilandmuseum so wieder erstehen sollte, wie es Ende des 2. Weltkrieges ausgesehen hat, trotz seines hohen Alters und seiner interessanten Baukonstruktion mit der früheren Bohlenstube und der unter einer jüngeren Kassettendecke verborgenen originalen Bohlen-Balken-Decke. Daher wurden alle Wände – soweit es technisch vertretbar war – in einem Stück transportiert, um damit alle jüngeren Veränderungen mit zu übertragen. Dabei gelang es sogar, die Wohnstube mit der Küche und dem Bad in einem Raumteil nach Wackershofen zu versetzen.

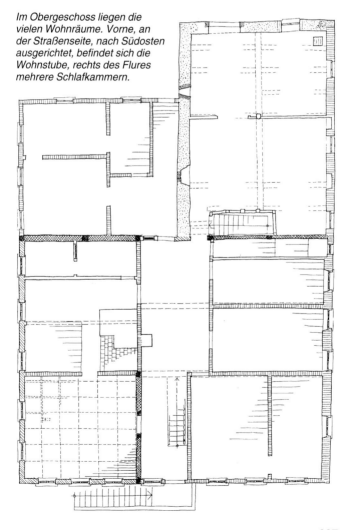

Im Obergeschoss liegen die vielen Wohnräume. Vorne, an der Straßenseite, nach Südosten ausgerichtet, befindet sich die Wohnstube, rechts des Flures mehrere Schlafkammern.

Mit viel PS gelangten Stube und Küche in einem unzerlegten Großteil auf einem Spezialtieflader im Mai 1993 zu ihrem Museumsstandort.

Der Möblie-rungsplan des Wohn-geschosses zeigt etwa den Zustand der Einrichtung zum Kriegsende 1945, als sich in dem großen Haus viele Menschen notge-drungen aufhalten mussten. Die Angaben stammen von Wilhelmine Kaiser.

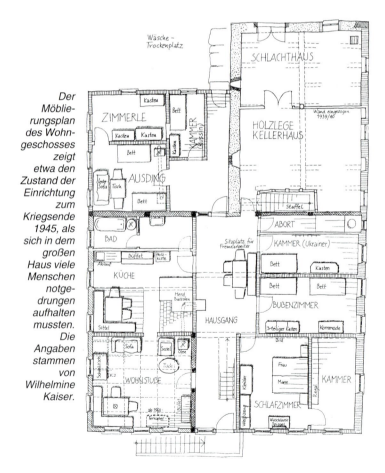

Die letzte Bewohnerin des alten Hauses, Wilhelmine Kaiser, erzählte Museumsmitarbeitern über ihr Leben und das Wohnen auf dem Käshof. Im Museum wurde danach der Käshof mit Möbeln aus dem Magazin bestückt und die Zeit zu Anfang der vierziger Jahre dargestellt. Wir kennen allerdings kaum originale Stücke aus dem Haushalt der letzten Bewohner. Besonders wenig Informationen besitzen wir über den großen Raum über dem Keller, der vor Ort, als das Freilandmuseum auf das Haus aufmerksam wurde, kein Dach mehr besaß. Das Hohenloher Freilandmuseum möchte in diesem Gebäude über das Schicksal des Käshofes und seiner vielen Bewohner, zusammengewürfelt aus Kriegsgefangenen, Zwangsarbeitern, Bauernfamilie und untergeschlüpften Großstadtpflanzen, zur Zeit des Kriegsendes zu informieren. In dieser ganz besonderen Schicksalsgemeinschaft liegt für das Museum auch der ganz besondere Wert des Käshofes, denn hier gelingt es ganz augenscheinlich klarzumachen, dass die nationalsozialistische Gewaltherrschaft mit den furchtbaren Auswirkungen des 2. Weltkriegs auch im hintersten Winkel eines einsamen süddeutschen Landstrichs deutlich zu spüren und nicht nur ein fernes Problem der Großstadt war.

Gebäudedaten:
Länge x Breite: 15,30 m x 21,70 m (Kellerhaustiefe)
Abbau: 1993 in Großteilen; Stubenzone in einem Stück
Bauaufnahme: verformungsgerecht im Maßstab 1:25, Büro Schneider und Eck, Würzburg
Farb- und Putzuntersuchung: Ernst Stock, Schwäbisch Hall
Dendrochronologische Bestimmung: 1584/85, Hansjürgen Bleyer, Metzingen
Archäologische Untersuchungen: SBW, Vörstetten
Wiederaufbau: 1997-2001, Eröffnung: Juli 2001
Zeitstellung des Gebäudes: 1. Hälfte 20. Jahrhunderts

Literatur:
Aufsätze im Mittelungsheft 11 des Hohenloher Freilandmuseums, 1990:
Joachim Hennze, Bisherige Ergebnisse der archivalischen Forschungen zur Geschichte des „Unteren Käshofes"
Gerd Schäfer, Die Käshöfe in Stimpfach-Weipertshofen
Ernst Schneider, Bauaufmaß des Käshofes
Aufsätze im Mitteilungsheft 18 des Hohenloher Freilandmuseums, 1997:
Ulrike Marski, „Da tät´s mir schon gefallen, hab´ ich gedacht, aber da hab´ ich kein Geld dafür". Wilhelmine Kaiser erzählt
Holger Starzmann, Weitere Ergebnisse der archivalischen Forschung zur Geschichte des „Unteren Käshofes" und seiner Bewohner
Häuser, Menschen und Museum, Band 2, Der Käshof aus Weipertshofen. Leben und Überleben in einem abgelegenen Gehöft, 2001.

51 Katholische Dorfkapelle aus Stöcken, Gemeinde Adelmannsfelden, Ostalbkreis

Als erstes Gebäude der geplanten Baugruppe „Waldberge" wurde die kleine Dorfkapelle ins Hohenloher Freilandmuseum versetzt. Mitarbeiter hatten die baufällige Kapelle mehr zufällig entdeckt und von deren baldigen Abriss erfahren. Mit dem Eigentümer, der katholischen Kirchengemeinde, dem Denkmalamt und dem Landratsamt konnte schnell Einigkeit darüber erzielt werden, dass dieser kleine, bescheidene sakrale Bau nur im Museum Überlebenschancen haben wird.
Nach eingehender Bauunterschung vor Ort gelangte die Kapelle auf einem Tieflader im Herbst 1990 ins Hohenloher Freilandmuseum.

Baugeschichte

Laut Bauinschrift im Sturzbogen der Eingangstür wurde die Kapelle 1834 erbaut. Vermutungen, dass der Bau eigentlich älter sein und vielleicht noch aus dem 18. Jahrhundert stammen müsste, bewahrheiteten sich bei archivalischen Forschungen nicht. Als der Bühlerzeller Pfarrer Eberhard 1813 seine Pfarrei beschreibt, erwähnt er bei Stöcken „10 Wohnhäuser, 96 Einwohner" , aber keine Kapelle. Erst der Stöckener Bauer Josef Hofer stellte für den Neubau eine Wiese am östlichen Ortsrand zur Verfügung, das Jahr dieser Stiftung ist nicht bekannt, aber es dürfte um 1830 gewesen sein.

Für das Jahr 1869 ist vermerkt, dass die Bewohner am Samstagabend in der Kapelle einen Rosenkranz beten. Da die Entfernung zur Pfarrkirche in Bühlerzell eineinhalb Wegstunden beträgt, bat Pfarrer Löhner 1883 darum, in der Stöckener Kapelle Gottesdienst lesen zu dürfen. Das bischöfliche Ordinariat in Rottenburg erteilte die dazu notwendige Erlaubnis, am 1. Mai 1884 wurde erstmals Gottesdienst gehalten. Dazu wurden ein neuer Altar und ein Sakristeischrank angeschafft.

Die Kapelle in Stöcken kurz vor dem Abbau 1990

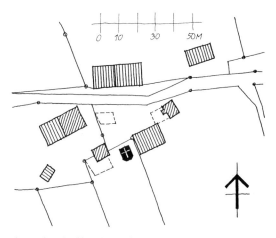

Lageplan der Kapelle nach der Urkarte, um 1830

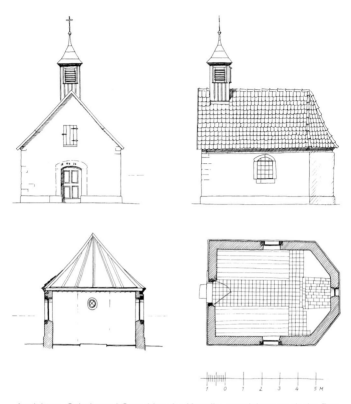

Ansichten, Schnitt und Grundriss der Kapelle, gezeichnet nach der Bauaufnahme

Immer wieder bereiteten die Grundstücksverhältnisse der Kirchengemeinde Probleme. Die gestiftete Parzelle kam fälschlicherweise in den Besitz der Ortsgemeinde Stöcken, um dann laut Grundbucheintrag seit 1903 in Privatbesitz zu gelangen. Letzte bauliche Veränderung war 1933 die Errichtung des Glockentürmchens.

Die translozierte Kapelle

Um das originale Mauerwerk mit den verschiedenen Putz- und Farbfassungen erhalten zu können, wurde die Kapelle ohne das baufällige Dach in einem über 60 t schweren Stück nach Wackershofen transportiert. So steht die Kapelle im selben Zustand wie in Stöcken im Museum, nur jetzt auf einem richtigen Fundament.

Insgesamt hatte die Kapelle außen fünf verschiedenfarbige Anstriche, alle einfach gehalten. Nur die dritte Fassung betonte mit blauen Faschen um Fenster- und Türöffnung die Architektur des kleinen Gebäudes. Im Inneren waren die Anstriche weitaus zahlreicher, insgesamt 13 Fassungen konnte die Restauratorin feststellen. Auch hier waren die Farben recht zurückhaltend, erst in späterer Zeit, vermutlich seitdem die Kapelle auch zum Gottesdienst genutzt wurde, wurde der Sockel umlaufend abgesetzt, zuletzt mit einem aufschablonierten blauen Band.

Alle Einrichtungsgegenstände, die meist wohl aus der Zeit um 1884 stammen, wie Altar, Bänke, Beichtstuhl und Sakristeischrank, sind erhalten und in der Kapelle aufgestellt. Lediglich die Bänke sind nach Befund rekonstruiert worden.

Gebäudedaten:
Länge x Breite: 7,30 m x 5,50 m
Abbau: 1990, Mauerwerk in einem Stück
Bauaufnahme verformungsgerecht im Maßstab 1:25: Hansjörg Stein, Schwäbisch Hall
Farb- und Putzuntersuchung: Annette Bischoff, Schwäbisch Hall
Wiederaufbau: 1990/91, Fertigstellung 1992
Zeitstellung: Zustand um 1935 mit Turm und letzter Wandfassung

Literatur:
Mitteilungen des Hohenloher Freilandmuseums Nr. 12, 1991 mit folgenden Aufsätzen: Hansjörg Stein, Bauaufnahme der Kapelle Stöcken
Annette Bischoff , Die Farbigkeit der Fassade und Raumschale der Dorfkapelle
Joachim Hennze, Bisherige Ergebnisse der archivalischen Forschungen zur Geschichte der Kapelle aus Stöcken

Innenansicht der Kapelle, so wie sie vor Ort 1990 noch eingerichtet war

Zukünftiges Bauprojekt:

Forsthaus Joachimstal aus Löwenstein, Landkreis Heilbronn

Es wird noch einige Jahre dauern, bis das ehemalige Revierförstergebäude aus Neuhütte im Joachimstal, zwischen Löwenstein und Sulzbach gelegen, wieder aufgebaut ist. Jahrelang hatte sich der Streit hingezogen, ob es nun an Ort und Stelle in einer romantischen Lichtung des Lautertales neu genutzt werden kann, ob es abgebrochen und damit vernichtet werden muss oder ob es wenigstens in Wackershofen überleben kann. In Zusammenarbeit mit dem Ministerium Ländlicher Raum gelang es dem Hohenloher Freilandmuseum, dieses einmalige Objekt im Winter 1998/99 zu bergen und im Freilandmuseum einzulagern.

Ursprünglich als ein einsam gelegenes Bauernhaus im Jahr 1785 errichtet, hat es erst im späteren 19. Jahrhundert einem Förster Quartier geboten. Die Oberamtsbeschreibung Weinsberg aus dem Jahr 1861 beschreibt den Hof folgendermaßen: „Ein in großer Abgeschiedenheit stehendes, vom nahen Walde fast rund umschlossenes Haus, umgeben von guten Aeckern, Gärten und Wiesen, von deren Ertrag die Bewohner leben." Wann es genau Forstdienstgebäude wurde, ist noch nicht ermittelt worden. 1974 zog der letzte Revierförster aus, dann verwendete es die Forstverwaltung für Lehrgänge und als Lagerraum für forstwirtschaftliche Maschinen. Seit Mitte der 80er Jahre ist es leerstehend.

In Wackershofen wird es oberhalb der Kapelle aus Stöcken in der Nähe des Waldes wieder aufgebaut und dort eine ähnliche abgeschiedene Lage erhalten wie vordem im Lautertal.

Zukünftiges Bauprojekt:

Spätmittelalterliches Wohn-Stall-Haus aus Zaisenhausen, Gemeinde Mulfingen, Hohenlohekreis

Nach jahrelangem Suchen gelang es dem Museum in Zaisenhausen ein noch dem Spätmittelalter verhaftetes Bauernhaus zu entdecken, zu untersuchen und zu erforschen. Diese Entdeckung kam einer Sensation gleich, nachdem die Fachwelt der Meinung war, dass sich ein solch altes Haus in der hiesigen Region nicht erhalten haben kann. Mit seinem dendrochronologisch auf 1550 festgestellten Baudatum zählt es zwar nicht zu den ältesten bekannt gewordenen Bauernhäuser Hohenlohes, aber sein recht originaler Erhaltungszustand bewog das Freilandmuseum, dieses zweigeschossige Haus als Beispiel der älteren Bauweise vor dem 18. Jahrhundert abzubauen. Mit Hilfe von Spenden gelang es im Jahr 1998 dem drohenden Abbruch durch einen gezielten Abbau zuvorzukommen. Eingelagert, wartet es nun auf seinen Wiederaufbau in der Baugruppe „Hohenloher Dorf" neben der Scheune aus Obereppach, die im gleichen Jahr – 1550 – erbaut wurde.

Die Rekonstruktionsskizze illustriert den Zustand des Hauses vor 450 Jahren.

Die Hammerschmiede Gröningen, Gemeinde Satteldorf, Landkreis Schwäbisch Hall

Im tief eingeschnittenen Tal der Gronach unterhalb von Gröningen, Gemeinde Satteldorf, liegt die Hammerschmiede, seit 1988 als an Ort und Stelle erhaltenes Technikdenkmal dem Hohenloher Freilandmuseum zugehörig. In dieser abgeschiedenen Lage hat sich durch Zufall ein einmaliges technisches Werk original erhalten.

Im Gegensatz zu den auf die Muskelkraft angewiesenen kleinen Schmiedewerkstätten in den Dörfern und Städten sind Hammerschmieden wasserkraftbetriebene Werke. Hier werden große und schwere Hämmer über ein Wasserrad bewegt. Damit kann mit wesentlich mehr Kraft und Schnelligkeit als in den handwerklichen Schmieden Metall in die gewünschte Form gebracht werden. Eine serienmäßige Fertigung von Produkten ist in gewissem Umfang möglich.

Hinzu kommt, dass bei Hammerschmieden wegen der vorhandenen Wasserkraft weitere Einrichtungen „motorisch" betrieben werden. In Gröningen z. B. wird der Wind für das Schmiedefeuer von einer Turbine erzeugt, und eine Ölmühle war zusätzlich an das „Energieversorgungssystem" angeschlossen.

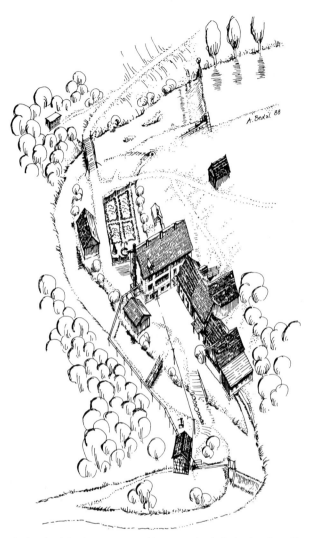

Isometrische Ansicht der gesamten Hammerschmiede im heutigen Zustand mit Stauteich, Mühlkanal, Scheunen und Turbinenhaus

Geschichtliche Entwicklung der Hammerschmiede

Der Schmiedegeselle Johann Adam Baeuerlein ließ sich 1804 von der Königlich-Preußischen Kriegs- und Domänenkammer in Ansbach – der Crailsheimer Raum war seit 1792 preußisch, ab 1806 bayrisch und seit 1810 württembergisch – den Bau einer Hammerschmiede im bis dahin unberührten unteren Gronachtal genehmigen. Dieses erste Haus war nur zweigeschossig und nur etwa etwa halb so groß wie das heutige. Nach mehreren kleineren baulichen Änderungen wie den Einbau einer zweiten Esse erweiterten und erneuerten die Baeuerlein das Anwesen durchgreifend: das

Die Schmiedewerkstatt mit Blick auf die Esse, rechts die Schwanzhämmer

Haupthaus wurde deutlich verlängert, das ganze Haus erhielt ein weiteres Stockwerk und ein neues Dach. Im Zuge dieser Maßnahmen wurde der hohe, frei stehende Werkstattkamin neu aufgemauert. Das Hammerwerk selber blieb dabei relativ unberührt.

Unter Karl Bäuerlein arbeiteten um die Jahrhundertwende zeitweilig bis zu sechs Gesellen, die vor allem Werkzeug für Land-

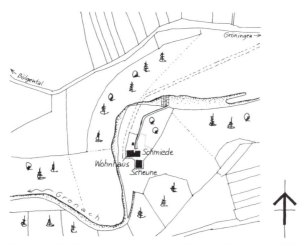

Lageplan der Hammerschmiede nach dem Urkataster, um 1830

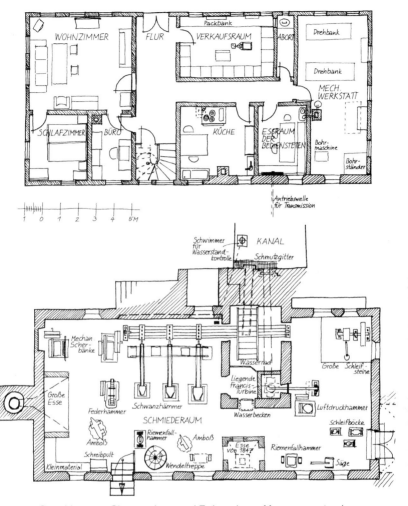

Grundrisse von Obergeschoss und Erdgeschoss, Museumszustand

wirtschaft und Handwerk in Serie herstellten. Zu den Produkten zählten: Äxte und Beile, Schaufeln, Spaten, Hacken, Keile, Radschuhe, Hämmer, Flachsriffeln, Spindeln usw. Wenn auch die Waren in dieser Zeit immer noch wie früher in der näheren Umgebung ihre Abnehmer fanden, so wurde doch auch mit der Bahn von Satteldorf aus bis nach Westpreußen und Schlesien, ja sogar bis nach Mailand und Paris geliefert.

Die Hammerschmiede blieb weiter im Besitz der Familie Bäuerlein. Bis 1948 hielt sie die Anlage in Betrieb. Die Landwirtschaft dagegen, die immer zum Lebensunterhalt der Familie notwendig war – obwohl sich die Bäuerleins um die Jahrhundertwende schon gerne als Fabrikanten fühlten – wurde bis in die 1970er Jahre, wenn auch verpachtet, weiterbetrieben.

Detail der eisernen Wendeltreppe mit dem Namenszug von Karl Bäuerlein

Als Technikdenkmal entdeckt, wurde die gesamte Anlage von 1979 bis 1982 vom Schwäbischen Heimatbund unter Anleitung von Albert Rothmund restauriert und der Öffentlichkeit als Museum zugänglich gemacht. Das Hohenloher Freilandmuseum bemüht sich, die ganzheitlichen Aspekte des Lebens und Arbeitens in der Hammerschmiede wieder herauszuarbeiten. Dazu gehören neben dem Hauptgebäude selber die Rekonstruktion des großen Hausgartens mit den vielen Nutz- und Zierpflanzen, die Wartung und Pflege der vielen Wasserbauten, die Darstellung der landwirtschaftlichen Selbstversorgung und das Wiederauflebenlassen der Wohnsituation der Familie und der Gesellen.

Funktion und Betrieb der Hammerschmiede

Im Untergeschoss arbeiten drei sogenannte Schwanzhämmer, jeder mit etwa vier Zentnern Gewicht. Sie werden von einer mächtigen, vom oberschlächtigen Wasserrad angetriebenen Holzwelle über Nocken hochgehoben und auf die Ambosse fallengelassen. Über den vom Stauweiher aus parallel zum Tal geführten Kanal erhält das Wasserrad die notwendige Menge Wasser. Über einen Seilzug kann der Zulauf zum Kanal von der Schmiede aus reguliert werden. Über die Welle wurden früher Schleifgeräte und andere Maschinen angetrieben. Später übernahm eine gesonderte Turbine deren Antrieb.

Unterhalb der Hammerschmiede auf der anderen Seite der Gronach steht das Turbinenhäuschen, eine recht junge Einrichtung aus der Zeit um 1950. Von hier aus versorgt eine Turbine eine Windmaschine, die durch die lange Blechrohrleitung Frischluft in das Schmiedefeuer bläst. Die für die Arbeit des Schmieds benötigten schweren Werkzeuge, wie Zangen und Hämmer aller Größen, zeugen von der anstrengenden Arbeit in der Werkstatt.

Über der Schmiede liegt die Werkstatt mit den Maschinen zur Feinbearbeitung der Werkstoffe: Hier finden wir Drehbänke und Bohrmaschinen, die ebenfalls mit Wasserkraft über Transmissionen angetrieben werden. Daneben konnte der Vesperraum für die Bediensteten und die Küche im Zustand von 1925 wieder hergestellt werden; vorne, direkt am Wohnhauseingang liegt der Verkaufsraum mit den sauber eingereihten Erzeugnissen der Hammerschmiede. Zwei weitere Räume, das Büro und das Wohnzimmer, sind in historisch richtiger Ausstattung eingerichtet.

In die große Stall-Scheune, 1905 errichtet, wurde eine kleine Gaststätte eingerichtet. In ihrem Dachgeschoss ist eine Ausstellung zur Geschichte der Hammerschmiede zu sehen. In einem Nebengebäude unterhalb der Scheune ist wieder eine Ölmühle aufgebaut. Der vor 1892 für die Hammerschmiede nachgewiesene Zustand wird damit nachempfunden. Diese Ölmühle stammt aus Rot am See und dürfte um die Jahrhundertwende erbaut worden sein. Sie war bis 1953 in Betrieb. Der Dieselmotor, der die Mühle dort antrieb, ist mit ihr ins Museum gewandert. Dieser Motor von 1918 ist in dem angebauten Maschinenhaus untergebracht. Neben ihm steht als zweiter Antrieb eine Dampfmaschine. Nachweislich wurde die Ölmühle während des Zweiten Weltkriegs wegen des Treibstoffmangels mit einer ähnlichen Dampfmaschine betrieben.

Gebäudedaten:
Erbaut: 1804, wesentlich erweitert 1892
Als Museum seit 1982 als Einrichtung des Schwäbischen Heimatbundes eröffnet, seit 1988 unter Obhut des Hohenloher Freilandmuseums
Zeitstellung der Anlage: um 1925

Literatur:

Frieder Schmidt, Die Hammerschmiede Gröningen als technisches Denkmal, Stuttgart, 1984
Verschiedene Aufsätze in den Mitteilungen des Hohenloher Freilandmuseums, insbesondere:
Albert Rothmund, Die Hammerschmiede Gröningen wird erneuert, in: Nr. 2, 1981
Albert Rothmund, Erweiterung der Hammerschmiede um eine Ölmühle, in: Nr. 7, 1986
Gerd Schäfer, Die Hammerschmiede Gröningen, eine Außenstelle des Freilandmuseums, in: Nr. 9, 1988
Gerd Schäfer, Die Hammerschmiede Gröningen auf dem Weg zum Museum mit „ganzheitlicher Darstellung", in: Nr. 11, 1990

Rößler-Museum Untermünkheim, Landkreis Schwäbisch Hall

Das Rößler-Museum Untermünkheim ist eine selbständige Außenstelle des Hohenloher Freilandmuseums. Es wird vom örtlichen „Kultur- und Förderverein Rößler-Museum" betrieben und ist in mehreren, mit viel Aufwand renovierten Räumen eines alten, denkmalgeschützten Ensembles in Ortsmitte direkt bei der Kilianskirche eingerichtet.

Ausgestellt werden farbig bemalte Landmöbel aus Hohenlohe. Im Mittelpunkt der Sammlung stehen die bekannten Möbel der Untermünkheimer Schreinerfamilie Rößler. Sohn Michael Rößler (1791-1849) fertigte meist blau grundierte Kleider- und Weißzeug-"Kästen" mit vielfältiger „Auszier". Charakteristische Motive sind Rocaille, Lebensbaum, Füllhorn, Blumen- und Früchtekorb, umgeben von allerlei Blüten- und Blattwerk. Die Tier- und Menschenfiguren auf den Türspiegeln gelten als Besonderheit der Rößler-Möbel. Er hat Bauer und Bäuerin, die auf einem Podest stehen, in Festtagstracht oder Alltagskleidung abgebildet.

Die ein-, aber auch zweitürigen Kleider- oder Weißzeugschränke sind meistens mit der Jahreszahl ihrer Entstehung und dem Namen der Erstbesitzer(in) versehen und als Aussteuerstücke entstanden. Oft hat Johann Michael Rößler das Möbel zusätzlich mit seinem Namen und mit „Schreinermeister zu Münkheim" signiert. Der Meister stand mit seiner Werkstatt in bester Tradition des damaligen Schreinerhandwerks, welche der Stammvater der Glessing-Werkstätten, Johann Georg (1707–1785), nach Untermünkheim brachte. Bis zur Mitte des 19. Jahrhunderts fertigten die beiden Glessing-Söhne Friedrich und Michael, dessen Werkstattnachfolger Caspar Drexel und Christian Franz, Vater Heinrich und Sohn Michael Rößler sowie weitere Meister im Untermünkheimer Umfeld die zahlreichen Gebrauchsmöbel aus einfachem Fichtenholz und bemalten sie mit einem, jeweils werkstattspezifischen Malprogramm. Von den Zunftgenossen aber auch von ehemaligen Werkstattmitarbeitern Rößlers besitzt das Museum eine bedeutende Auswahl bemalter Möbel.

Auf über 500 m? Ausstellungsfläche zeigt das Museum seinen Besuchern die große Vielfalt der hohenlohisch-fränkischen Möbellandschaft. Zahlreiche frühere Schreinerwerkstätten aus allen fünf ehemaligen Oberämtern Hohenlohes konnten erforscht, ihre Meister benannt und deren jeweils spezifische Möbelbemalung zugeordnet werden. So besitzt das Museum die größte Sammlung von Schränken der sogenannten „Zirkelschlagmeister". Möbel mit charakteristischen Kreisornamenten sind der Schreinerfamilie Schönhut aus Oberhof bei Gaisbach im Hohenlohekreis zuzuordnen.

An den Rundgang durch das Museum kann sich die Besichtigung der direkt daneben liegenden Kilianskirche anschließen. Das 1788 neu erbaute Kirchenschiff erhielt damals eine „Markgräfler Altarwand", deren Felder wie die der doppelten Emporebrüstungen eine besondere Bemalung aufweisen. Die in blau auf weißem Grund gemalten Rocaillen stammen nicht, wie zunächst angenommen von J. M. Rößler, sondern gehen auf die Gebrüder Glessing unter Mitarbeit von Heinrich Rößler zurück.

Öffnungszeiten: Ostern bis Ende Oktober, sonn- und feiertags von 13.30 bis 17.00 Uhr.

Gruppenführungen ganzjährig nach Voranmeldung: Tel. 0791 / 970 87-0 oder 0791 / 7601, Fax: 0791 / 970 87-30.

Geschäftsstelle: Rathaus Untermünkheim, Hohenloherstraße 33, 74547 Untermünkheim

Eine bemalte Tresur und eine bemalte Truhe im Rößler-Haus.

Das Hohenloher Freilandmuseum in Stichworten

Das Hohenloher Freilandmuseum ist eines von sieben Freilandmuseen in Baden-Württemberg. Es ist zuständig für die Region des nördlichen Württemberg mit den Landkreisen Schwäbisch Hall, Hohenlohekreis, Main-Tauber-Kreis (großteils), Heilbronn (großteils), Rems-Murr-Kreis und Ostalbkreis.

Standort:
Schwäbisch Hall-Wackershofen

Träger:
Verein Hohenloher Freilandmuseum e. V., Verein zur Erforschung, Pflege und Förderung ländlicher Kultur

Entstehung:
Gründung des Trägervereins am 28. Juni 1979, Eröffnung des 1. Bauabschnittes am 25. Juni 1983

Museumsleitung:
Schwäbisch Hall-Wackershofen, Tel. 0791/97 10 10,
Telefax 0791/97 101-40, E-Mail: info@wackershofen.de

Postanschrift des Museums:
Hohenloher Freilandmuseum e. V., Postfach 100180,
74501 Schwäbisch Hall

Aufbau:
Drei Hauptbaugruppen als „Dörfer": „Hohenloher Dorf", „Weinlandschaft" und „Waldberge"; eine Sonderbaugruppe: „Technische Bauwerke" (Bahnhof, Lagerhaus). Ende 2000 stehen über 50 größere und kleinere Gebäude im Museum.

Öffnungszeiten:
Ende März und April: Di. bis So. von 10 bis 17 Uhr
Mai bis Anfang November: Di. bis So. von 9 bis 18 Uhr
Juni, Juli und August: auch montags geöffnet

Führungen:
Nach vorheriger Anmeldung können Gruppen durch das Museum geführt werden, Dauer im Museumsdorf Wackershofen eineinhalb bis zweieinhalb Stunden (Anmeldung Wackershofen: Tel. 0791/97 10 10, Anmeldung Hammerschmiede Gröningen: Tel. 07955/3303)

Gasthäuser:
Museumsdorf Wackershofen: Besenwirtschaft, während der Museumssaison samstags und sonntags, Juni bis August auch montags – Museumsgasthof „Roter Ochsen", ganzjährig geöffnet, täglich, außer montags, Tel. 0791/84172
Hammerschmiede Gröningen: „Einkehr zur Hammerschmiede", ganzjährig geöffnet, täglich, außer montags, Tel. 07955/3303

Publikationen des Museums

Reihe: Kataloge und Begleitbücher

Nr. 1: Holzmodel aus Hohenlohe, 1983. 96 Seiten mit zahlreichen Abbildungen.

Nr. 2: Alte Textilien im Bauernhaus, 1984. 122 Seiten mit zahlreichen Abbildungen

Nr. 3: Gasthof zum Roten Ochsen, Hohenloher Gasthöfe in alter Zeit, 1986. 138 Seiten mit zahlreichen Abbildungen

Nr. 4: Altes Dorfhandwerk in Hohenlohe, 1987. 216 Seiten mit zahlreichen Abbildungen

Nr. 5: Tiere und Pflanzen im alten Dorf, 1988. 180 Seiten mit zahlreichen Abbildungen

Nr. 6: Armenpflege in Württembergs Vergangenheit. Das Hirten- und Armenhaus Hößlinsülz, 1989. 156 Seiten mit zahlreichen Abbildungen

Nr. 7: Möbelgeschichten. Geschmack, Funktion, Restaurierung, 1990. 127 Seiten mit zahlreichen farbigen Abbildungen

Nr. 8: Drei Hällische Dörfer im 19. Jahrhundert. Gailenkirchen, Wackershofen, Gottwollshausen, 1991. 192 Seiten mit zahlreichen Abbildungen, davon 6 farbig

Nr. 9: Evangelische Bilderwelt. Druckgraphik zwischen 1850 und 1950. 1992. 180 Seiten, 29 Schwarzweiß- und 70 Farbabbildungen

Nr. 10: So war's im Winter. Erinnerungen an die kalte Jahreszeit auf dem Land im schwäbisch-fränkischen Raum, 1994. 278 Seiten (vergriffen)

Nr. 11: Fast alle Tage Kraut. Rezepte für winterliche Gerichte, 1994. 128 Seiten, 19 Farb- und 30 Schwarzweißabbildungen

Nr. 12: Aus ihrem Schicksal das Beste gemacht. Frauen im Dorf, 1996. 152 Seiten, 86 Abbildungen

Nr. 13: Vom Maibaum zum Schrein, 1997. 64 Seiten, 56 Abbildungen

Nr. 14: Mägde, Knechte, Landarbeiter. Arbeitskräfte in der Landwirtschaft in Süddeutschland, 1997. 304 Seiten, 106 Abbildungen

Nicht vom Hohenloher Freilandmuseum herausgegebene Kataloge und Begleitbücher

Schurke oder Held? Historische Räuber und Räuberbanden. 1995. 402 Seiten, 245 Schwarzweiß- und 24 Farbabbildungen

Das Schwäbisch-Hällische Schwein. Ein Stück bäuerliche Kulturgeschichte, 1996. 76 Seiten, 26 Abbildungen

Welt-anschaulich. Der Amateur- und Pressefotograf Friedrich Gschwindt, 1900-1971, 1998. 95 Seiten, 176 Schwarzweiß-Fotos

Märkte in Stadt und Land. Geschichte von Handelsplätzen in der Region, 2000. 64 Seiten, 60 Abbildungen

Reihe: Kleine Schriften des Hohenloher Freilandmuseums

Nr. 1: Gasthof zum Roten Ochsen, Geschichte und Aufbau im Museum, 1985. 86 Seiten, (vergriffen)

Nr. 2: Pädagogik am Freilandmuseum II, Beiträge zur zweiten Tagung der Museumspädagogen, 1989. 37 Seiten

Nr. 3: Beschriftung des lebenden Inventars, 1990. 56 Seiten

Nr. 4: Das Winzerhaus aus Sachsenflur. Ein sprechendes Architekturdenkmal, 1991

Nr. 5: Naturraum im Tal der Hammerschmiede. Die Landschaftsökologie in der Umgebung der Hammerschmiede Gröningen, 1991 (vergriffen)

Nr. 6: Volkslieder. Eine Sammlung aus Hall und Hohenlohe. 1992. 35 Seiten

Nr. 7: Fenster und Türen. Von Butzenscheibe, Gratleiste, Schiebefenster und Füllungstür, 1993. 57 Seiten.

Nr. 8: Gsälz. Gelees und Marmeladen aus 200 Jahren, 1995. 55 Seiten

Nr. 9: Vo Rouschmugge und Simpelsfranse. Mei Kinder- und Juchendzeit in Wallhause, 1997. 84 Seiten, zahlreiche Fotos.

Nr. 10: Grenzen – Grenzenlos. Bildungspolitische Ziele an regionalen Freilichtmuseen, 1998. 181 Seiten

Reihe: Mitteilungshefte des Vereins Hohenloher Freilandmuseum

Heft 1, 1980, 120 Seiten
Heft 2, 1981, 140 Seiten (vergriffen)
Heft 3, 1982, 104 Seiten
Heft 4, 1983, 108 Seiten
Heft 5, 1984, 138 Seiten
Heft 6, 1985, 128 Seiten
Heft 7, 1986, 167 Seiten
Heft 8, 1987, 132 Seiten (vergriffen)
Heft 9, 1988, 168 Seiten
Heft 10, 1989, 151 Seiten, Festschrift zehn Jahre Trägerverein
Heft 11, 1990, 108 Seiten
Heft 12, 1991, 144 Seiten
Heft 13, 1992, 128 Seiten
Heft 14, 1993, 120 Seiten (vergriffen)
Heft 15, 1994, 112 Seiten (vergriffen)
Heft 16, 1995, 126 Seiten (vergriffen)
Heft 17, 1996, 146 Seiten
Heft 18, 1997, 140 Seiten
Heft 19, 1998, 130 Seiten
Heft 20, 1999, Vier Bände im Jubiläumsschuber:

Band A, Junges Museum für alte Zeiten. Zwei Jahrzehnte Hohenloher Freilandmuseum. 120 Seiten.

Band B, Menschen im Dorf. Dokumente, Erinnerungen, Bilder. 112 Seiten.

Band C, Möbel zwischen Handwerk und Kunst. Die Möbelgestaltung Johann Michael Rößlers und ihre Ursprünge, 120 Seiten

Band D, Alte Bauernhäuser um Kocher und Jagst. Zur Konstruktion und Funktion ländlicher Gebäude vor 1650 in Württembergisch-Franken, 152 Seiten

Heft 21, 2000, Menschen, Tiere und Museum, 112 Seiten

Reihe: Häuser, Menschen und Museum

Band 1: Der Bahnhof aus Kupferzell. Die Geschichte eines württembergischen Stationsgebäudes und der Nebenbahn Waldenburg-Künzelsau, 2001. 136 Seiten, 103 Schwarzweiß-Abbildungen.

Band 2: Der Käshof aus Weipertshofen. Leben und Überleben in einem abgelegenen Gehöft, 2001. 176 Seiten, 7 Farb- und 93 Schwarzweiß-Abbildungen.

Freilandmuseen –
ein Blick in die Nachbarschaft

Freilandmuseen, die in der „Arbeitsgemeinschaft der regionalen ländlichen Freilichtmuseen Baden-Württemberg" zusammengeschlossen sind:

ODENWÄLDER FREILANDMUSEUM, Weiherstrasse 12, 74731 Walldürn-Gottersdorf

HOHENLOHER FREILANDMUSEUM, 74501 Schwäbisch Hall-Wackershofen

FREILICHTMUSEUM BEUREN, In den Herbstwiesen, 72660 Beuren

KREISFREILICHTMUSEUM KÜRNBACH, Griesweg 30, 88427 Bad Schussenried

FREILICHTMUSEUM NEUHAUSEN OB ECK, 78579 Neuhausen ob Eck

SCHWARZWÄLDER FREILICHTMUSEUM, Vogtsbauernhof, 77793 Gutach

BAUERNHAUS- MUSEUM WOLFEGG, Fischergasse 29, 88364 Wolfegg

Fränkische Freilandmuseen:

Fränkisches Freilandmuseum Fladungen, 97650 Fladungen

Oberfränkisches Bauernhofmuseum, 95239 Zell-Kleinlosnitz

Gerätemuseum des Coburger Landes, 96482 Ahorn

Odenwälder Freilandmuseum, 74731 Walldürn-Gottersdorf

Fränkisches Freilandmuseum Bad Windsheim, 91438 Bad Windsheim

Hohenloher Freilandmuseum, 74501 Schwäbisch Hall-Wackershofen

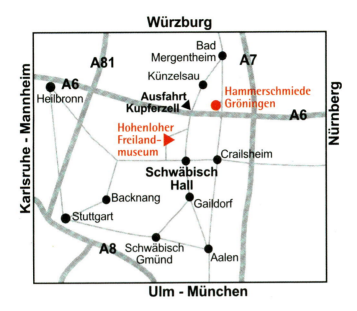

Würzburg

A81   Bad Mergentheim   A7

Künzelsau

A6   Heilbronn

Ausfahrt Kupferzell ▶

Hammerschmiede Gröningen

Hohenloher Freilandmuseum ▶

A6   **Nürnberg**

Karlsruhe - Mannheim

Crailsheim

Schwäbisch Hall

Backnang   Gaildorf

Stuttgart

A8   Schwäbisch Gmünd   Aalen

Ulm - München

Legende zum Übersichtsplan

▶ **Museumseingang**
Schafscheuer mit Flachsdarre von
1864 aus Gröningen
Kasse mit Besucher-WC

**1 Baugruppe Bahnhof/
Lagerhaus**
a Bahnhof von 1892 aus Kupferzell
b Genossenschaftliches Getreide-
lagerhaus von 1897/98 aus
Kupferzell mit **Ausstellung
„Genossenschaftswesen"**
c Transformator-Turm um 1920
aus Hergershof
d Abortgebäude um 1900
aus Leingarten

2 Gasthof
a Gasthaus „Roter Ochse" um
1715, Bauzustand um 1820,
aus Riedbach
b Tanzhaus 19. Jh. aus
Oberscheffach
c Nebengebäude mit Backofen,
Remise, Schweinestall und
Knechtskammer um 1800
aus Steinbach
d Trinkpavillon um 1900 aus
Oberfischach
e Kegelbahn von 1896 aus
Dischingen

3 Bauernhof um 1800
a Wohn-Stall-Haus von 1794
aus Elzhausen
b Stall-Scheune von 1832
aus Langensall
c Kleintierstall um 1830 aus Diebach
d Ausdinghaus (Altenteil) von 1856
aus Morbach

4 Bauernhof um 1900
a Wohn-Stall-Haus von 1887
aus Schönenberg
b Stall-Scheune mit Göpelhaus
von 1892 aus Bühlerzimmern;
Wechselausstellungen und
im Dachboden **Ausstellung
„Landtechnik"**
c Schmiede um 1880 aus
Großenhub
d Bienenhaus um 1900 aus
Gelbingen

5 Handwerkerhäuser
a Wohnhaus von 1766 aus Oberrot,
später zweigeteilt mit Schmiede
und Wagnerwerkstatt; Bauzustand um 1930 mit **Ausstellung
„Dorfhandwerk"**
b Scheune von 1872 aus Oberrot

6 Arme-Leute-Häuser
a Armenhaus von 1740 aus Hößlinsülz
b Backofen aus Gschlachtenbretzingen
c Taglöhnerhaus um 1820 aus
Hohenstraßen

7 Kleinbäuerliches Anwesen
a Seldnerhaus um 1780
aus Schwarzenweiler

**8 Spätmittelalterliche
Hofanlage**
b Scheune von 1550 aus Obereppach

9 Gemeindebauten
a Viehwaage um 1930
aus Rauhenbretzingen
b Schafscheune um 1860 aus
Birkelbach
c Flachsdarre nach 1800 aus Amlis
hagen
d Flachsbreche nach 1800 aus Amlishagen

10 Steigengasthof
a Steigengasthaus „Rose", Bauzustand um 1800, aus Michelfeld
b Stall-Scheune von 1821 vom Stei
gengasthaus aus Michelfeld
c Scheune um 1800 aus Hohensall
d Backhaus aus Stetten
e Kegelbahn um 1830 aus Bieringer

11 Weidnerhof
a Wohn-Stall-Haus von 1838,
am alten Standort erhalten –
Museumspädagogik (in situ)
b Stall-Scheune
c Stall-Scheune (Werkstatt)
d Scheune mit Remise (Lager)
e Gartenlaube aus Mangoldsall